2ᵐᵉ SÉRIE
DU
MAGASIN THÉATRAL

PIÈCES NOUVELLES

JOUÉES SUR TOUS LES THÉATRES DE PARIS.

THÉATRE DE LA PORTE-SAINT-MARTIN.

LES CHERCHEURS D'OR
DU SACRAMENTO.

Drame en CINQ actes et SIX tableaux, de MM. MARC-FOURNIER et PAUL DUPLESSIS.

Prix : 50 centimes.

PARIS.
MARCHANT, ÉDITEUR,
Boulevart Saint-Martin, 12.

1re SÉRIE DU MAGASIN THEATRAL
A 25 Centimes.

L'ALCHIMISTE, dr. en 5 actes, par Alex. Dumas.
L'APPRENTI, ou l'Art de faire une Maîtresse, vaudeville en 1 acte.
ATAR-GULL, drame en 5 actes.
L'AUBERGE DE LA MADONE, drame en 5 actes.
L'AUMONIER DU RÉGIMENT, vaudeville 1 acte.
LA BERLINE DE L'ÉMIGRÉ, drame en 5 actes.
LES BRIGANDS DE LA LOIRE, drame en 5 actes
LA BICHE AU BOIS, féerie.
CALIGULA, tragédie en 5 actes, par Alex. Dumas.
LE CANAL SAINT-MARTIN, drame en 5 actes.
LE CABARET DE LUSTUCRU, vaudeville 1 acte.
CHEVAL DE BRONZE, opéra-comique de Scribe.
LA CHAMBRE ARDENTE, drame en 5 actes.
LES CHAUFFEURS, drame en 5 actes.
CHRISTINE A FONTAINEBLEAU, drame, par Frédéric Soulié.
CHRISTOPHE LE SUÉDOIS, drame en 5 actes.
LES CHEVAUX DU CARROUSEL, drame 5 actes.
LE CHATEAU DE VERNEUIL, drame en 5 actes.
LE CHATEAU DE SAINT-GERMAIN, drame 5 actes.
LE CHEF-D'OEUVRE INCONNU, drame en un act.
LES CHIENS DU MONT SAINT-BERNARD.
CROMWELL ET CHARLES 1er, drame en 5 actes.
LE COMMIS ET LA GRISETTE, vaud. 1 acte.
LES DEMOISELLES DE SAINT-CYR, drame en 5 actes, par Alex. Dumas.
LES DEUX DIVORCES, vaudeville en un acte.
LA DEMOISELLE MAJEURE, vaudeville en 1 acte.
DON JUAN DE MARANA, par Alexandre Dumas.
LA DOT DE SUZETTE, drame en 5 actes.
LE DOIGT DE DIEU, drame en un acte.
LA DUCHESSE DE LA VAUBALIÈRE, drame 5 actes.
DIANE DE CHIVRY, drame, par Frédéric Soulié.
LA DERNIÈRE NUIT D'ANDRÉ CHÉNIER, monologue en un acte.
L'ÉCLAT DE RIRE, drame en 3 actes.
LES ENFANTS D'ÉDOUARD, par Casimir Delavigne.
L'ÉLÈVE DE SAINT-CYR, drame en 5 actes.
LES ENFANTS DE TROUPE, vaudeville en 2 actes.
LES ENFANTS DU DÉLIRE, vaudev. en 1 acte.
ESTELLE, comédie, par Scribe.
ÊTRE AIMÉ OU MOURIR, idem.
EULALIE GRANGER, drame en 5 actes.
LES ENRAGÉES, vaudeville en 1 acte.
EN SIBÉRIE, drame en 3 actes.
LA FAMILLE MORONVAL, drame en 5 actes.

LA FAMILLE DU FUMISTE, vaudeville en 2 actes.
FABIO LE NOVICE, drame en 5 actes.
LE FILS DE LA FOLLE, drame en 5 actes, par Frédéric Soulié.
LA FILLE DE L'AVARE, comédie-vaud. 2 actes.
LA FILLE DE L'AIR, féerie en 3 actes 11 tabl.
LA FILLE DU RÉGENT, comédie en 5 actes.
LES FILETS DE SAINT-CLOUD, drame en 5 act.
FRANÇOIS JAFFIER, drame en 5 actes.
FRÉTILLON, comédie-vaudeville en 3 actes.
LA FIOLE DE CAGLIOSTRO, vaudeville en 1 acte.
FORTE-SPADA, drame en 5 actes.
LE GARS, drame en 5 actes.
GASPARD HAUSER, drame en 5 actes.
LA GAZETTE DES TRIBUNAUX, vaud. 1 acte.
GENEVIÈVE DE BRABANT, mélodrame 4 actes.
HALIFAX, comédie 3 actes, par Alex. Dumas.
L'HONNEUR DANS LE CRIME, drame en 5 actes.
L'HONNEUR DE MA MÈRE, drame en 3 actes.
INDIANA, drame en 5 actes.
LES IMPRESSIONS DE VOYAGE, vaud. 2 actes.
JACQUES LE CORSAIRE, drame en 5 actes.
JACQUES COEUR, idem.
JEANNE DE FLANDRE, drame en 5 actes.
JEANNE DE NAPLES, idem.
JEANNE HACHETTE, drame en 5 actes.
JE SERAI COMÉDIEN, comédie en un acte.
LESTOCQ, opéra comique en 3 actes, par Scribe.
LA LECTRICE, comédie-vaudeville en 2 actes.
LÉON, drame en 5 actes.
LOUISE BERNARD, dr. en 5 a., par Alex. Dumas.
LE LAIRD DE DUMBIKI, par Alex. Dumas.
LUCIO, drame en 5 actes.
LORENZINO, drame, par Alex. Dumas.
LA LESCOMBAT, drame en 5 actes.
MARINO FALIERO, tragédie en 5 actes, par Casimir Delavigne.
LE MARI DE LA VEUVE, comédie en un acte, par Alex. Dumas.
MARIE, comédie en 5 actes, par Mme Ancelot.
LE MANOIR DE MONTLOUVIERS, drame 5 actes.
MARGUERITE D'YORK, drame en 5 actes.
LE MARCHÉ DE SAINT-PIERRE, idem.
LA MAIN DROITE ET LA MAIN GAUCHE, idem.
MADELEINE, idem.
MADEMOISELLE DE LA FAILLE, idem.
MARGUERITE DE QUÉLUS, idem.

1re SÉRIE DU MAGASIN THEATRAL

A 25 Centimes.

L'ALCHIMISTE, dr. en 5 actes, par Alex. Dumas.
L'APPRENTI, ou l'Art de faire une Maîtresse, vaudeville en 1 acte.
ATAR-GULL, drame en 5 actes.
L'AUBERGE DE LA MADONE, drame en 5 actes.
L'AUMONIER DU RÉGIMENT, vaudeville 1 acte.
LA BERLINE DE L'ÉMIGRÉ, drame en 5 actes.
LES BRIGANDS DE LA LOIRE, drame en 5 actes
LA BICHE AU BOIS, féerie.
CALIGULA, tragédie en 5 actes, par Alex. Dumas.
LE CANAL SAINT-MARTIN, drame en 5 actes.
LE CABARET DE LUSTUCRU, vaudeville 1 acte.
CHEVAL DE BRONZE, opéra-comique de Scribe.
LA CHAMBRE ARDENTE, drame en 5 actes.
LES CHAUFFEURS, drame en 5 actes.
CHRISTINE A FONTAINEBLEAU, drame, par Frédéric Soulié.
CHRISTOPHE LE SUÉDOIS, drame en 5 actes.
LES CHEVAUX DU CARROUSEL, drame 5 actes.
LE CHATEAU DE VERNEUIL, drame en 5 actes.
LE CHATEAU DE SAINT-GERMAIN, drame 5 actes.
LE CHEF-D'OEUVRE INCONNU, drame en un acte.
LES CHIENS DU MONT SAINT-BERNARD.
CROMWELL ET CHARLES 1er, drame en 5 actes.
LE COMMIS ET LA GRISETTE, vaud. 1 acte.
LES DEMOISELLES DE SAINT-CYR, drame en 5 actes, par Alex. Dumas.
LES DEUX DIVORCES, vaudeville en un acte.
LA DEMOISELLE MAJEURE, vaudeville en 1 acte.
DON JUAN DE MARANA, par Alexandre Dumas.
LA DOT DE SUZETTE, drame en 5 actes.
LE DOIGT DE DIEU, drame en un acte.
LA DUCHESSE DE LA VAUBALIÈRE, drame 5 actes.
DIANE DE CHIVRY, drame, par Frédéric Soulié.
LA DERNIÈRE NUIT D'ANDRÉ CHÉNIER, monologue en un acte.
L'ÉCLAT DE RIRE, drame en 3 actes.
LES ENFANTS D'ÉDOUARD, par Casimir Delavigne.
L'ÉLÈVE DE SAINT-CYR, drame en 5 actes.
LES ENFANTS DE TROUPE, vaudeville en 2 actes.
LES ENFANTS DU DÉLIRE, vaudev. en 1 acte.
ESTELLE, comédie, par Scribe.
ÊTRE AIMÉ OU MOURIR, idem.
EULALIE GRANGER, drame en 5 actes.
LES ENRAGÉES, vaudeville en 1 acte.
EN SIBÉRIE, drame en 3 actes.
LA FAMILLE MORONVAL, drame en 5 actes.

LA FAMILLE DU FUMISTE, vaudeville en 2 actes.
FABIO LE NOVICE, drame en 5 actes.
LE FILS DE LA FOLLE, drame en 5 actes, par Frédéric Soulié.
LA FILLE DE L'AVARE, comédie-vaud. 2 actes.
LA FILLE DE L'AIR, féerie en 3 actes 11 tabl.
LA FILLE DU RÉGENT, comédie en 5 actes.
LES FILETS DE SAINT-CLOUD, drame en 5 act.
FRANÇOIS JAFFIER, drame en 5 actes.
FRÉTILLON, comédie-vaudeville en 3 actes.
LA FIOLE DE CAGLIOSTRO, vaudeville en 1 acte.
FORTE-SPADA, drame en 5 actes.
LE GARS, drame en 5 actes.
GASPARD HAUSER, drame en 5 actes.
LA GAZETTE DES TRIBUNAUX, vaud. 1 acte.
GENEVIÈVE DE BRABANT, mélodrame 4 actes.
HALIFAX, comédie 3 actes, par Alex. Dumas.
L'HONNEUR DANS LE CRIME, drame en 5 actes.
L'HONNEUR DE MA MÈRE, drame en 3 actes.
INDIANA, drame en 5 actes.
LES IMPRESSIONS DE VOYAGE, vaud. 2 actes.
JACQUES LE CORSAIRE, drame en 5 actes.
JACQUES COEUR, idem.
JEANNE DE FLANDRE, drame en 5 actes.
JEANNE DE NAPLES, idem.
JEANNE HACHETTE, drame en 5 actes.
JE SERAI COMÉDIEN, comédie en un acte.
LESTOCQ, opéra comique en 3 actes, par Scribe.
LA LECTRICE, comédie-vaudeville en 2 actes.
LÉON, drame en 5 actes.
LOUISE BERNARD, dr. en 5 a., par Alex. Dumas.
LE LAIRD DE DUMBIKI, par Alex. Dumas.
LUCIO, drame en 5 actes.
LORENZINO, drame, par Alex. Dumas.
LA LESCOMBAT, drame en 5 actes.
MARINO FALIERO, tragédie en 5 actes, par Casimir Delavigne.
LE MARI DE LA VEUVE, comédie en un acte, par Alex. Dumas.
MARIE, comédie en 5 actes, par Mme Ancelot.
LE MANOIR DE MONTLOUVIERS, drame 5 actes.
MARGUERITE D'YORK, drame en 5 actes.
LE MARCHÉ DE SAINT-PIERRE, idem.
LA MAIN DROITE ET LA MAIN GAUCHE, idem.
MADELEINE, idem.
MADEMOISELLE DE LA FAILLE, idem.
MARGUERITE DE QUÉLUS, idem.

LES CHERCHEURS D'OR DU SACRAMENTO,

DRAME EN CINQ ACTES ET SIX TABLEAUX,

PAR MM. MARC FOURNIER ET PAUL DUPLESSIS,

REPRÉSENTÉ POUR LA PREMIÈRE FOIS, A PARIS, SUR LE THÉATRE DE LA PORTE-SAINT-MARTIN, LE 23 JANVIER 1850.

PERSONNAGES.	ACTEURS.	PERSONNAGES.	ACTEURS.
ANDRES ARIANIGA	MM. JEMMA.	PAMPAS, Indien	MONNAIS.
GEORGES DE MONTALÈGRE.	R. DROUVILLE.	UN RASCADOR	POTONNIER.
HENRI DESROCHES	{ MUNIÉ. { ROB. KEMP.	UN MAJORDOME	ALBERT.
		CLARISSE DE MONTALÈGRE.	Mmes GRAVE.
GALOUBET	POTIER.	CARMEN	D'HARVILLE.
POLISSART	NESTOR.	FRANCINE	D. BARON.
TABASCO	TOURNAN.	Mexicains, Rascadores, Émigrants, Gratteurs, Laveurs de sable, Gens de l'escorte de Montalègre, Indiens de la tribu des Apaches, etc.	
KENTUCKY	LANÇOIS.		
LE MÉTIS	MANUEL.		

ACTE PREMIER.

Premier Tableau.

LE ROI DES SABLES D'OR.

Une salle commune dans un hôtel, à la Nouvelle-Orléans. Portes au fond, portes latérales; à droite, un canapé, un guéridon chargé de journaux; fauteuils; à gauche, un autre guéridon également couvert d'albums et de revues; contre les murs, des cadres et des cartes de géographie.

SCÈNE PREMIÈRE.

GALOUBET, puis LE MAJORDOME et HENRI DESROCHES.

GALOUBET. Garçon ! majordome ! intendant ! garçon !

UNE VOIX, en dehors. Voilà !

GALOUBET. Voilà !... qu'est-ce que cela prouve !... est-ce qu'on s'imagine que j'ai navigué pendant quarante jours sur l'Orégon, un navire superbe qui a failli nous noyer à la hauteur des Açores, et nous planter comme une bande de pingouins sur les rochers de Saint-Domingue, sans que cela m'ait creusé l'estomac ?... Mais où donc a passé Polissart? mon ami Polissart ! maître de danse humanitaire, et professeur de pantomime philanthropique ! (Il va frapper à l'une des portes, à gauche.) Mademoiselle Francine ! mademoiselle Francine ! est-ce que vous avez vu Polissart?

LE MAJORDOME, à Henri qui entre par le fond. Il faut une chambre à votre seigneurie ? *

* Galoubet, le Majordome, Henri.

NOTA. — La place des personnages est prise de la gauche à la droite des spectateurs.

HENRI, *costume de velours noir, forme mexicaine, et par-dessus l'ample manga, ou manteau de drap bleu foncé, doublé de soie, orné de broderies.* Oui, je pars ce soir pour San-Francisco avec l'expédition.

GALOUBET, *apercevant le Majordome.* Ah! c'est heureux! Garçon!

LE MAJORDOME. Voilà! voilà!

GALOUBET. Je ne veux pas de voilà, je veux Polissart, plus un beefsteak, un beefsteak aux pommes, des prunes à l'eau-de-vie, la demi-tasse et des cure-dents... entendez-vous, garçon?

LE MAJORDOME. Je ne suis pas un garçon.

GALOUBET. Vous êtes marié?

LE MAJORDOME. Je suis majordome. (*A Henri.*) Par ici, monsieur le docteur, au n° 8.

HENRI. C'est bien; je connais la chambre... servez ce monsieur et ne vous occupez plus de moi. (*A part.*) Ce sont bien les noms de Georges de Montalègre et de sa femme que je viens de lire sur les registres de l'hôtel!... Clarisse ici! Clarisse! aurai-je le courage de la revoir, de lui parler? (*Il rentre à droite.*)

GALOUBET, *au Majordome.* Vous dites que mademoiselle Francine est sortie?

LE MAJORDOME. Oui, monsieur, avec le n° 34. (*Il sort par le fond.*)

GALOUBET. Avec Polissart! Heureusement que Polissart est la chasteté en personne... Garçon!... Eh bien, où a passé le garçon?... Ah! j'aperçois Francine et Polissart.

SCÈNE II.

GALOUBET, FRANCINE, POLISSART.

FRANCINE. Ah! je n'en puis plus, je suis rendue! quelle chaleur!

GALOUBET. Et pas de glace dans ce maudit hôtel. Les arrivages ont manqué ce matin. Je ne puis vous offrir qu'un melon. *

FRANCINE. Je n'ai pas faim, je n'ai pas soif, je suis furieuse!

GALOUBET. Contre qui? contre Polissart? Polissart vous a manqué? (*Francine se lève.*)

POLISSART. Ah! fi donc! monsieur Galoubet, vous savez que j'en suis incapable.

FRANCINE. Lui! il a failli me perdre, m'égarer!

GALOUBET. Qu'entends-je! perdre Francine! égarer Francine!

FRANCINE. Oui... ne voilà-t-il pas qu'au beau milieu de la ville, de cette Nouvelle-Orléans, où toutes les rues se ressemblent, il me plante là pour courir après une négresse dont le costume moins que suffisant révoltait sa modestie, et à laquelle, à ce qu'il prétend, il voulait donner une leçon de bienséance et de maintien.

GALOUBET. Est-il vrai, Polissart?

POLISSART. Entendons-nous, vous savez que je suis un homme ami des bonnes mœurs et de la décence, et que si je vais en Californie, c'est uniquement...

GALOUBET. Très-bien, très-bien, je connais votre programme.

FRANCINE. Ah! et puis vous ne savez pas, monsieur Galoubet... j'ai une peur horrible que ma pacotille de fleurs et de modes ne me reste sur les bras.

GALOUBET. Il se pourrait.

FRANCINE. Figurez-vous qu'on partant de Paris, j'ai acheté le plus délicieux assortiment de petites capotes toutes mignonnes, garnies de bouillons de crêpe, et que les femmes de ce pays-ci ne portent que d'affreuses calèches à grandes passes, avec des avalanches de rubans à faire frémir la nature.

GALOUBET. Rassurez-vous, jeune modiste... nul doute que vos délicieux chiffons ne fassent tourner toutes les têtes et ne les coiffent toutes, aussitôt qu'on saura que ce sont vos jolis doigts qui les ont façonnés. (*Il chante.*) Travaillez, mesdemoiselles, grâce à vos heureux talents...

FRANCINE. Allons! bon, le voilà encore avec ses ritournelles, ce ténor léger! (*Elle se rassied.*)

GALOUBET. Premier ténor, avantageusement connu, j'ose le dire, pour le velouté de ses cadences, mais en ce moment sans emploi! Oui, Francine, et c'est pour cela que j'ai traversé les mers avec mon ami Polissart, maître de danse humanitaire, et professeur de pantomime philanthropique, un brave homme, un peu chauve quand il n'a pas de perruque... Allons, ne vous fâchez pas, Polissart; on peut être chauve et parfaitement honnête, c'est rare, mais ça c'est vu... Nous allons donc en Californie, lui avec son violon et ses pas de zéphyr... philosophiques, moi, avec un si bémol que la zone torride va peut-être me carboniser au fond de la gorge, comme un rossignol dans un four à plâtre... C'est téméraire, c'est risqué! mais bast! je pars ténor, je reviendrai Monte-Cristo. * (*Il va s'asseoir de l'autre côté du guéridon de gauche.*)

POLISSART. Permettez, Galoubet, permettez... Je serais honteux pour ma part que mademoiselle Francine pût penser que je

---

* Francine, *assise*, Galoubet, Polissart.

* Galoubet, Francine, Polissart.

vais en Californie guidé par un vil intérêt.

GALOUBET. Je le vois venir! nous n'échapperons pas au programme.

POLISSART, *s'échauffant*. Moi, ce qui me guide, c'est l'amour de l'humanité.

GALOUBET. Le voilà parti!

POLISSART. Oui, mademoiselle, j'ai lu dans les journaux que les chercheurs d'or...

GALOUBET. Rascadorès... s'il vous plaît, c'est le mot du pays.

POLISSART. Que les grattadorès... enivrés par la fortune, se livraient à toutes sortes d'habitudes féroces... et je suis parti pour aller doter ces malheureuses contrées du bienfait de la danse, de la danse noble, celle qui a pour effet d'adoucir les mœurs et de conduire à la pratique de toutes les vertus.

GALOUBET. Vous le voyez, mam'zelle Francine, nous sommes deux commis voyageurs pour l'article vertu, pudeur, chasteté, honnêteté... croyez-moi, venez avec nous à San-Francisco.

FRANCINE. Que je voyage encore! Dieu m'en préserve! J'ai eu pendant quarante jours le mal de mer.

GALOUBET. C'est que vous avez le cœur sensible, belle Francine.

FRANCINE. Le cœur... (*Elle soupire.*) Ah! dites donc que je l'ai trop faible.

GALOUBET. Alors, suivez mon conseil... Continuez de le rapprocher du mien... à deux, on est plus fort.

FRANCINE, *se levant*. Ah! les femmes, les femmes! — Tenez, c'est comme cette bonne, cette charmante madame de Montalègre qui a fait la traversée avec moi sur le même navire et qui loge dans cet hôtel...

GALOUBET. Ah! oui le numéro quatre. — Dieu! qu'elle est jolie!

FRANCINE. Vous l'avez regardée!

GALOUBET. Moi! du tout, c'est Polissart. — N'est-ce pas, Polissart, que vous l'avez regardée!

POLISSART. Elle doit danser à ravir. Elle a un petit pied cambré, et...

FRANCINE. Eh bien, si elle a quitté la France, faible et souffrante comme elle est, ça été aussi pour suivre son mari.

GALOUBET. Son mari! fi donc! c'est impardonnable. Mais...

FRANCINE. Monsieur Galoubet!.. Et ce M. de Montalègre! avoir ainsi souffert que sa femme l'accompagnât! Peut-on être égoïste à ce point-là?

GALOUBET. Dame! c'est l'égoïsme de l'amour!

FRANCINE. Il est gentil, son amour, il n'a en tête que mines d'or, fouilles, exploitations, placers... Oh! les hommes! les hommes! Dieu! que je les déteste!

GALOUBET. Tous?

FRANCINE. Oui, tous! car ils sont tous les mêmes... des ingrats, des ambitieux, des... (*Galoubet l'embrasse.*) Eh bien, monsieur! eh bien! (*Elle s'échappe.*)

POLISSART. Galoubet! je ne saurais vous permettre ces choses-là! vous savez que ça m'offusque. — Ça m'offusque!

GALOUBET. Ne faites pas attention, Polissart; c'est une manière que j'ai de lui clore la bouche, et qui me réussit quelquefois.

FRANCINE, *dans le fond*. Chut! voici monsieur et madame de Montalègre!

SCÈNE III.

Les Mêmes, CLARISSE, GEORGES.

GEORGES, *traversant la scène et conduisant Clarisse au canapé, où elle s'assied*. Pardon, chère Clarisse, vous déjeunerez sans moi. — Ah! vous voilà, mademoiselle Francine. — Vous n'avez pas encore aperçu Tabasco?

FRANCINE. Tabasco? Ah! ce grand, jaunâtre, au nez crochu, qui est déjà venu vous voir plusieurs fois, — et qui doit partir avec vous?

GEORGES. Ne m'a-t-il pas demandé, ce matin?

FRANCINE. Pas que je sache. — Mais vous n'avez qu'à vous promener sur le quai, vous êtes bien sûr qu'au bout de vingt pas vous l'apercevrez se dessiner comme une longue raie noire entre le soleil et vous.

GEORGES, *à Clarisse*. Je sors, Clarisse; il faut absolument que je sache si Tabasco a exécuté mes ordres, si tout est prêt; nos chariots, nos provisions, nos armes, ainsi que les vingt-quatre Américains qui doivent nous servir d'escorte pendant la route, et de travailleurs sur le placer. — Adieu... à bientôt. (*Il sort.*)

SCÈNE IV.

Les Mêmes, *moins Georges*.

GALOUBET, *bas à Francine*. Dites donc, Francine, si je m'en allais avec Polissart donner un coup d'œil au déjeuner? Je me sens un appétit!

FRANCINE. Oui, c'est cela. — Et des patates, n'oubliez pas les patates, j'adore les patates. (*Galoubet et Polissart s'esquivent.*)

* Galoubet, Polissart, Francine, Georges, Clarisse.

SCÈNE V.

FRANCINE, LA COMTESSE.

FRANCINE, *à Clarisse*. Oserai-je, madame, vous demander si vous êtes enfin remise des fatigues de la mer?

CLARISSE. Tout à fait. — Je me sens des forces, du courage... Oh! cela va beaucoup mieux!

FRANCINE. Allons, j'en suis bien aise. — Ah! c'est que, vous comprenez, quand on a passé comme nous tant de jours sur un navire, et par le temps qu'il faisait, et qu'on peut se retrouver ensemble dans ce vilain pays de Californie, au milieu d'un tas de gens les uns à moitié sauvages, les autres à moitié fous.

CLARISSE, *se levant*. Comment! est-ce que vous seriez décidée à tenter aussi le voyage de San-Francisco?

FRANCINE. On ne sait pas! les modes vont si mal par ici. — Enfin, dans tous les cas, je suis peut-être bien osée de vous parler ainsi, à vous qui êtes si noble et si belle, mais peut-être que vous ne m'en voudrez pas trop de vous dire que je me sens toute portée vers vous, et que si vous avez besoin d'un bon cœur, bien dévoué, et d'une créature qui n'a pas plus peur qu'une autre, — eh bien, — je suis là.

CLARISSE, *lui tendant la main*. Chère enfant! merci, — merci. — Espérons que l'une et l'autre nous n'aurons besoin que de la protection de Dieu... Mais n'importe, ce que vous m'avez dit me fait du bien. — Je reconnais là les douces et nobles filles de ma patrie... Encore une fois, merci.

FRANCINE. Avec ça que nous avons affaire à des hommes qui n'ont plus guère leur tête à eux.

CLARISSE, *souriant*. Leur tête, c'est possible; — mais pourvu qu'ils nous conservent leur cœur...

FRANCINE. Hum! — il faut s'y fier tout juste. — Enfin... c'est convenu... si je pars, eh bien nous serons deux pour dire du mal de ces Messieurs, et pour nous consoler si cela nous fait plaisir. — Au revoir, madame.

CLARISSE. Adieu, mon enfant.

FRANCINE, *à part*. Pauvre femme!... elle est si pâle! — Pourvu que ce beau grand seigneur quand il aura bien creusé son sable pour y chercher de l'or, n'y ensevelisse pas sa femme! (*Elle sort.*)

SCÈNE VI.

CLARISSE, puis HENRI.

CLARISSE, *elle est allée se rasseoir*. Oui, c'est mon devoir, je suivrai Georges. Entre lui et tous les périls, il me trouvera debout, attentive et forte. Forte?... Hélas! il n'y a en moi d'autre énergie que celle de mon amour. Mais elle est, comme mon amour, immense, infinie. Oui, j'irai, je résisterai.

HENRI, *qui a paru, venant de la droite, et qui a entendu les derniers mots de Clarisse*. Vous résisterez. Dieu le veuille!

CLARISSE, *se levant*. Monsieur?

HENRI. Clarisse!

CLARISSE. Oh! ciel! je ne me trompe pas! Monsieur Henry Desroches!

HENRI. Mes traits ont donc laissé quelques traces dans vos souvenirs. Je n'osais l'espérer, et ce n'était pas sans un peu de crainte que je me présentais devant vous.

CLARISSE. Quoi! vous avez pu penser?... Ah! c'est mal... Oublierai-je jamais que vous, monsieur le docteur Desroches, vous jeune et déjà illustre, vous avez jadis tendrement veillé sur mes jours, et que vous rendîtes la santé, la vie à une pauvre jeune fille mourante?... Ah! encore une fois, c'est mal.

HENRI. Vous rappelez-vous aussi, Clarisse, pourquoi je me décidai peu de jours avant votre mariage avec M. le comte de Montalègre, à quitter la France, à m'exiler?...

CLARISSE, *avec émotion*. Henri, vous le savez, le cœur prononce quelquefois des arrêts irrévocables... J'avais pour vous une admiration et une reconnaissance sans bornes; mais pour Georges, j'avais de l'amour.

HENRI. Aussi je partis, Clarisse; non pour vous oublier, mais pour vous fuir... Je partis avec cette résignation calme et silencieuse des désespoirs profonds. Depuis ce jour, je puis le dire, car je ne mens pas... j'ai porté ma vie comme un cilice. Seulement, j'ai compris que cette vie cruelle et douloureuse pour moi, pouvait devenir pour les autres utile et consolante, et je me fis le médecin des peuplades qui errent dans les solitudes du Mexique. J'ai vécu de la sorte, résistant à la fièvre du suicide aussi énergiquement que si j'avais eu à combattre en moi les tentations du crime!

CLARISSE. Henri! Dieu a béni votre courage, car en acceptant la vie, vous êtes resté grand et généreux.

HENRI, *après l'avoir considéré un instant.* Je ne vous demande pas si vous êtes heureuse...

CLARISSE, *avec un peu d'embarras.* Je n'ai pas cessé d'aimer Georges... Henri, cela ne doit pas m'empêcher de vous dire que vous avez bien fait, puisque le bonheur a voulu que vous apprissiez mon arrivée, de venir à moi et de me tendre la main.

HENRI. Écoutez, Clarisse... Depuis deux ans que dure mon exil, votre nom, enseveli sous les ruines de mon cœur, n'est jamais une seule fois monté jusqu'à mes lèvres ; jamais ma résolution n'a chancelé, jamais je n'ai fait un pas pour me retourner vers la France, je vous le jure !... Mais c'est votre époux lui-même qui traverse les mers, c'est lui qui vous entraîne, vous, héroïque et dévouée, sous ce ciel des tropiques, ce ciel de feu qui peut vous être fatal !... Clarisse, vous savez si je connais la mesure de vos forces, à vous dont le courage est sans bornes, mais que j'ai tenue mourante dans mes bras... Ah ! croyez-moi... oui, je serais mort sans vous revoir ; mais vous êtes ici, l'air que vous respirez est funeste, et je viens vous dire : Laissez-moi vous suivre, Clarisse, vous suivre pas à pas, de loin, attentif et muet, mais prêt à voler vers vous, si je vois pâlir et chanceler.

CLARISSE, *lui tendant la main.* Noble et loyal ! J'accepte votre protection, Henri, comme là tout à l'heure, j'acceptais l'amitié d'une humble fille. Oh ! je puis vous le dire à vous, oui, j'ai peur... M. de Montalègre, ruiné par de folles entreprises, a résolu, vous le voyez, d'aller redemander aux sables du Sacramento l'or qu'il a jeté par poignées aux vents de tous ses caprices et de tous ses rêves... Il va partir, et je vais le suivre ; mais j'ai peur ! Peur de quoi, je l'ignore... Mes pressentiments flottent sans objet, insaisissables comme l'ombre, mais effrayants comme elle. Vous savez que je suis la femme aux pressentiments, moi..... Et tenez, autrefois, ne prétendiez-vous pas que les luttes de la mort et de la vie avaient développé en moi je ne sais quels phénomènes bizarres, quelle extrême délicatesse d'impression que vous étiez tenté de prendre pour un don de seconde vue ?...

HENRI, *lui prenant la main.* Oui, je m'en souviens.

CLARISSE. Eh bien ! Henri... il y a un homme ici, à la Nouvelle-Orléans, qui me sera fatal, j'en suis sûre !

HENRI. Que dites-vous ?

CLARISSE. Georges, à qui j'en ai parlé, n'en a fait que rire, et, en vérité, cela a tout l'air d'un enfantillage, car cet homme je ne l'ai vu que deux fois, à la promenade, où il a passé devant moi en me regardant à peine. Mais en lui tout m'a frappée, jusqu'à son costume, le brillant costume mexicain, qui ajoute je ne sais quoi d'extraordinaire à sa personne. Enfin, faut-il vous le dire ? Eh bien ! deux fois je l'ai vu, et deux fois j'ai senti comme une piqûre au cœur.

HENRI. Je vois, Clarisse, que l'espèce de surexcitation maladive que vous devez à votre nature exaltée a, depuis mon départ, étendu encore ses ravages, et qu'il vous faut plus que jamais un ami qui veille.

SCÈNE VII.

LES MÊMES, GEORGES, TABASCO.

GEORGES, *dans la coulisse.* Attendez-moi là, Tabasco.

TABASCO. (*Caleçon de toile, guêtres de cuir, ample zarape ou manteau de laine bleu foncé, rayé de noir, petit chapeau de paille à forme plate.*) Oui, senor.

CLARISSE. C'est lui !... c'est Georges !

GEORGES, *paraissant*[*]. Ah ! c'est vous, Clarisse !... Eh bien ! nous partons !... Avez-vous songé à vos caisses, à vos valises ?... (*Apercevant Henri.*) Monsieur...

CLARISSE. Mon ami, je vous présente M. le docteur Desroches, dont les soins éclairés m'arrachèrent jadis à la mort, ainsi que je vous l'ai souvent raconté... et qui partit, peu de temps avant notre mariage, pour la Nouvelle-Orléans.

GEORGES. Ma foi, soyez le bienvenu !... Un compatriote, à deux mille lieues de la France, c'est une trouvaille... Et puis, vous connaissez ce pays, et vous êtes sans doute en mesure de me donner de précieux renseignements.

HENRI. En effet, depuis deux ans je le parcours. (*Clarisse est allée s'asseoir à droite.*)

GEORGES. Alors, vous avez visité l'intérieur des terres, vous êtes remonté jusqu'en Californie ? Avez-vous vu, de vos yeux, ces placers merveilleux, ce lit du Sacramento, qui roule des richesses immenses, ces creux de rocher que les pluies ont remplis secrètement, depuis des siècles, de sables et de pépites d'or à faire pâlir tous les récits de l'Orient ?

HENRI, *après avoir jeté un regard sur Clarisse.* Monsieur, j'ai passé deux fois à Monterey ; la première il y a un an, peu de jours avant la découverte qui agite aujour-

---
[*] Georges, Clarisse, Henri, Tabasco.

d'hui le monde entier. Là, j'ai vu des peuplades régnant sur leurs terrains de chasse et ne demandant qu'au travail les joies de leur vie tranquille et satisfaite. D'infirmités physiques et morales, nulles traces. Les corps étaient aussi vigoureux que les cœurs étaient purs. On ignorait ce que c'était qu'un crime. Six mois plus tard, cette même terre où vous allez entraîner ceux que vous aimez, je l'ai revue... Tout avait changé !... Au lieu des sourires, j'ai rencontré des larmes; les yeux étaient devenus sombres, les fronts plissés, les lèvres crispées par la colère et l'injure. Où vivaient à l'aise quelques familles, se pressaient, s'étouffaient, des fourmilières d'hommes exténués de faim, enflammés de fureur... ramassis d'aventuriers et de bandits, qui le jour creusaient le sable pour chercher de l'or, et la nuit s'embusquaient pour assassiner et pour voler !... (*Le comte fait un mouvement.*) Vous me demandez ce que j'ai vu : je vous l'ai dit.

CLARISSE, *à part*. Et c'est là que le vertige de Georges doit l'entraîner !

GEORGES. Je vois, mon cher monsieur, que vous êtes un philosophe, un raisonneur. Peste ! vous n'y allez pas de main morte !... Seulement, je vous dirai que si j'ai quitté la France, moi, le comte de Montalègre, ç'a été justement pour échapper aux philosophes et aux raisonneurs qui s'acharnaient sur elle dans le même temps à peu près que les gratteurs d'or tombaient à plein vol sur les rivages du Sacramento. Fléau pour fléau, j'aime mieux celui qui me laisse la chance de reconquérir une fortune, à celui de là-bas, qui jusqu'à présent n'a eu d'autre effet que de me ruiner de fond en comble... Chacun son goût, monsieur.

HENRI, *à part*. Froid et sceptique... Pauvre Clarisse !

TABASCO. Señor, voici nos hommes qui arrivent et qui entrent dans la cour.

GEORGES. Les hommes de mon expédition ?... Va les rejoindre. (*Tabasco sort par le fond, à droite.*) Cela vous dit assez, mon cher monsieur Desroches, que les histoires sinistres qu'on se plaît à répandre sur le séjour de Monterey, ne m'ont guère ébranlé jusqu'ici. Je pars dans quelques minutes, et je ne demande qu'une chose aux destins, c'est de devenir aussi heureux et aussi célèbre que ces chercheurs d'or, ces gambusinos, comme on les appelle, qui sont la terreur et l'admiration des Indiens*.

HENRI. (*Il est assis en face de Clarisse à droite, le guéridon les sépare.*) Ah ! vous

* Clarisse, *sur le canapé*, Georges, *accoudé derrière elle*, Henri.

avez entendu parler de ces hardis pionniers du désert ?... les noms de Quirino, d'Arianiga, de Gomez, sont parvenus jusqu'à vous ?

GEORGES. Oui... et si Dieu me protège, je marcherai sur leurs traces.

HENRI. Monsieur, il faut naître chercheur d'or... On ne saurait le devenir. Le vrai chercheur d'or, le gambusino, n'est pas un homme ordinaire. Son cœur est fermé aux appâts de l'intérêt et de l'avarice. Cet or, qu'il recueille quelquefois au péril de sa vie, il le prodigue follement, sans calcul et sans remords; et le lendemain, lorsqu'il retrouve ses privations et ses fatigues, il n'a pas une plainte, pas un soupir, pas un regret... Je connais des hommes qui ont la soif de l'or; lui seul en a l'amour.

CLARISSE. Quoi ! l'or pourrait avoir de purs adorateurs !... Ce serait étrange !... Mais vous, monsieur Desroches, qui avez parcouru le Mexique, vous avez dû rencontrer plus d'un de ces singuliers personnages ?

HENRI. Ils sont fort rares, madame, et je n'en ai jamais vu... J'ai seulement entendu parler de leurs exploits, de leur courage indomptable, de leur témérité farouche, de leur profond dédain de la vie. J'ai surtout retenu le nom du plus célèbre d'entre eux, de celui qu'on appelle le Roi des Sables d'or.

GEORGES. Ah ! oui, Andrès Arianiga !... Mais quel est ce bruit ?

SCÈNE VIII.

LES MÊMES, GALOUBET, FRANCINE, POLISSART.

GALOUBET, *riant*. Arrivez donc, Polissart, et rajustez au moins votre perruque !

POLISSART. Ce n'est rien, ce n'est rien ! un simple quiproquo, un malentendu ! Voilà tout !

FRANCINE. Mais qu'aviez-vous donc à gesticuler avec ce grand monsieur couleur café au lait ?

POLISSART. Ce monsieur café au lait !... Je vais vous dire : il ne connaît pas la danse mimée; c'est qui a fait mon erreur. J'étais dans la cour à essayer quelques pirouettes pour me maintenir le jarret, lorsque j'ai heurté par mégarde ce... monsieur.

GALOUBET. Caballero; c'est le nom du pays... Allez toujours, Polissart !

* Francine, Polissart, Galoubet. Les autres personnages sont groupés à droite, et feuillettent des journaux.

POLISSART. J'ai donc heurté ce bacalero...
GALOUBET, l'interrompant. Caballero !
POLISSART. Qui était en train de rouler du tabac dans un morceau de papier.
GALOUBET. Un papelito, c'est le mot du pays... Allez toujours, Polissart.
POLISSART. Moi, je suis un homme de mœurs polies... J'ai cru devoir faire mes très-humbles excuses à ce barcarolo.
GALOUBET. Caballero !
POLISSART. Et je lui ai mimé un petit compliment, qui, à ma grande surprise, n'a pas semblé lui plaire ; car il m'a pris par le bras et m'a envoyé pirouetter jusqu'au pied du perron, ce qui a eu pour effet de déranger un peu l'économie de ma coiffure.

SCÈNE IX.

LES MÊMES, ARIANIGA, LE MAJORDOME.

GALOUBET. Gare ! le voici ! (*Polissart se sauve à toutes jambes.*)
CLARISSE, *à part*. Ciel ! encore cet homme, ce Mexicain ! (*Arianiga porte le costume mexicain dans tout son éclat: Pantalon de velours grenat à broderies d'or, manteau de velours vert, chapeau orné de la toquille d'or. Sabre droit très-riche, poignard à la ceinture, etc.*)
LE MAJORDOME. C'est ici le parloir, señor, le salon de conversation, commun à tous les voyageurs.
ARIANIGA, *apercevant un domestique portant une glace sur un plateau.* Ah ! vous avez des glaces ? On me disait que les arrivages avaient manqué ce matin... Faites-m'en donner une, je vous prie.
LE MAJORDOME. Pardon, señor. Celle-ci est la seule qui nous reste ; nous n'attendons nos transports que ce soir, et je ne crains pas d'être démenti en disant que vous n'en trouveriez pas une autre dans la ville.
ARIANIGA. Raison de plus pour que vous me donniez celle-ci.
LE MAJORDOME. Je suis désolé, señor, mais elle est vendue.
ARIANIGA. A qui ?
LE MAJORDOME. A la femme de M. le président du sénat, qui est descendue dans cet hôtel.
ARIANIGA. Combien ?
LE MAJORDOME. Vingt-cinq piastres.
ARIANIGA. J'en donne cinquante.

Galoubet et Francino, assis près du guéridon de gauche, Arianiga, le Majordome. Les autres personnages groupés à droite.

LE MAJORDOME. C'est impossible : l'épouse de M. le président...
ARIANIGA. J'en donne cent.
LE MAJORDOME. Mais, l'épouse du président...
ARIANIGA. Cinq cents !
LE MAJORDOME. Permettez... l'épouse.
ARIANIGA. J'en donne mille ! (*Se tournant vers Clarisse et la saluant.*) Et je serais trop heureux que madame la comtesse voulût bien me permettre de la lui offrir. (*Il fait un signe au Majordome, qui entre à gauche.*)
GEORGES, *avec mépris.* Ah, ça, cet homme est insensé.
ARIANIGA, *se retournant.* Qui est-ce qui m'appelle insensé ? Est-ce vous, monsieur le comte de Montalègre ?
GEORGES. Mon nom ! cet homme sait mon nom !
ARIANIGA. Je sais tout ce qu'il m'importe de savoir... Ah ! c'est vous qui m'appelez insensé !... (*Il rit.*) J'ai entendu parler d'un homme, d'un grand seigneur, qui habitait la France, où le bonheur lui souriait sous les traits d'un ange de beauté. Jeune, intelligent, spirituel, porteur d'un nom sonore, il pouvait facilement reconstruire une fortune dilapidée. Eh bien ! il préfère d'aller ramasser au Mexique, courbé sur la terre comme un cheval de charrue, au milieu de ces rescadores infâmes qui sont le rebut des quatre parties du monde ; et il a souffert que sa femme, frêle créature qu'un souffle peut renverser, le suivît sous ce ciel de feu qui tarit le sang dans les veines...
GEORGES. Assez, monsieur.
ARIANIGA. Soit, mais pourquoi le fou m'appelle-t-il insensé ?

SCÈNE X.

LES MÊMES, TABASCO.

TABASCO, *entrant à pas précipités.* (*A Montalègre.*) Señor, tout est prêt, nous n'attendons que vous.
ARIANIGA. Ah ! c'est toi, Tabasco !
TABASCO. Ciel !
ARIANIGA. Te voilà donc au service des gratteurs d'or que nous envoie l'Europe, toi, fils du désert ? Va-t'en, retire-toi, je veux oublier ton visage et ton nom. (*Il remonte et passe à droite.*)
GEORGES, *à part.* Tabasco le connaît !
CLARISSE, *à Henri.* C'est lui, c'est ce Mexicain ! son regard m'a glacée.
GEORGES. Venez, Clarisse ! Tabasco, suis-moi. (*Il entre au fond, à gauche, emmenant Clarisse, et suivi de Tabasco.*)

FRANCINE, *se retirant avec Galoubet, par le 2º plan, à gauche.*) Eh bien, il me plaît, ce Mexicain.

GALOUBET. Peuh! il est bien jaune.

FRANCINE. Oui, mais il a un genre à vous offrir des glaces!

ARIANIGA, *à Henri qui se dispose à sortir par le fond.* Monsieur Henri Desroches, voulez-vous me sacrifier quelques minutes? J'ai un mot à vous dire.

HENRI. A moi?

SCÈNE XI.

ARIANIGA, HENRI.

ARIANIGA. Henri, vous ne me reconnaissez pas?

HENRI. Non, monsieur, je ne pense pas vous avoir jamais vu.

ARIANIGA. Vous vous trompez, Henri, car vous m'avez sauvé la vie.

HENRI. Moi?

ARIANIGA. Vous. Il y a près d'un an, un homme, exténué par la fièvre et par la soif, gisait mourant dans le désert, à deux journées de marche de Santa-Fé.

HENRI. En effet, je me souviens....

ARIANIGA. Vous passâtes près de lui. Vous aviez une gourde pendue à l'arçon de votre selle; dans cette gourde, il y avait de l'eau, que vous lui donnâtes à boire... Vous lui fîtes boire tout ce qu'il en restait, et cela, au désert, où chaque goutte d'eau vaut un diamant... Puis, après l'avoir rappelé à la vie, vous lui offrîtes votre cheval, car il était incapable de se soutenir, et il pouvait à peine parler.

HENRI. Je vous reconnais, à présent.

ARIANIGA. J'avais un sac de poudre d'or avec moi. Vous pouviez me laisser mourir et me prendre cet or.

HENRI. Monsieur!

ARIANIGA. Ah! que voulez-vous? Nous vivons parmi des hommes où l'absence du crime est une vertu... Cette vertu, vous l'avez eue, et mieux que cela, car après que vous m'eûtes remis aux mains de ma jeune sœur, de ma Carmen bien aimée, vous vous éloignâtes le lendemain, sans même vous informer de mon nom.

HENRI. Je me rappelle... Je dis le mien à la jeune fille que vous appelez Carmen.

ARIANIGA. Et ce nom, Henri Desroches, nous le mêlons depuis lors à nos entretiens, à nos prières... — Henri! une question?

Henri, Arianiga.

HENRI. Parlez.

ARIANIGA. Faites-vous partie de cette expédition d'Européens qui se met en route ce soir pour San-Francisco?

HENRI. Je me propose de l'accompagner.

ARIANIGA. Pour chercher de l'or?

HENRI. Non, mais pour donner mes soins aux malades.

ARIANIGA. Ah! vous arracherez ces vautours à la mort qui les attend?

HENRI. Que dites-vous?

ARIANIGA. Écoutez, Henri : de tous les hommes que j'ai rencontrés, vous êtes le seul pour lequel, au bout de quelques minutes, je n'ai pas conçu de la défiance d'abord, et bientôt après du mépris. Croyez-moi, suivez mon conseil, n'allez pas au Sacramento.

HENRI. Je ne vous comprends pas.

ARIANIGA. Parmi ces Européens, en est-il que vous connaissiez?

HENRI. Il en est que j'aime.

ARIANIGA. Alors, ne les suivez pas, car je vous aime aussi, et le malheur voudrait que peut-être vous et moi nous nous trouvassions face à face, vous pour les défendre, et moi...

HENRI. Et vous?

ARIANIGA. Moi! — Ah! c'est vrai, vous ignorez qui je suis. Eh bien, je vais vous le dire : je suis le Roi des Sables d'or, je suis Andrès Arianiga.

HENRI. Arianiga!

ARIANIGA. Oui! et ces sables qu'ils vont fouiller de leurs griffes immondes, ces loups avides, c'est moi, moi le premier qui y ai laissé l'empreinte de mes pas. Oh! vous ne comprenez pas cela, vous, et pourtant il y a dans la vie du gambusino, comme on nous appelle, un moment plein d'angoisses et de tortures, — c'est celui où le secret de ses placers, de ses lits de poudre d'or, vient à être découvert. Ce placer qui lui appartient, qu'il a conquis, qu'il exploite seul, dans le mystère de ses joies et de ses périls, — un jour, des milliers d'hommes s'y abattent, et cet or saccagé, pillé, profané, s'envole et disparaît ! C'est horrible, et voilà le spectacle qui m'attend au Sacramento; car ce placer était à moi, c'était mon bien, ma volupté, ma maîtresse; et ces gens qui partent, ce comte de Montalègre qui les entraîne, ce sont les infâmes qui vont sous mes yeux profaner mes amours. — Oh! je vous le répète, vous, enfant de la froide Europe, vous ne pouvez me comprendre. Mais plus d'un, parmi eux, tombera frappé par une balle inconnue, les yeux tournés vers la patrie absente... et ce seigneur comte...

HENRI. Qu'entends-je ! vous menacez sa vie !

ARIANIGA. Oui, car j'aime sa femme.

HENRI. Clarisse ! vous aimez Clarisse !

ARIANIGA. Pourquoi pas ? il aime bien mon or, lui !

HENRI. Et vous me dites cela, à moi !

ARIANIGA. Ai-je eu tort ?

HENRI. Vous n'espérez pas, je pense, que je garderai le secret à un assassin.

ARIANIGA. Un assassin ! — Ah ! c'est juste, j'ai oublié un instant que vous apparteniez à la race civilisée, et que vous autres, vous ne saviez ni aimer ni haïr. — Mais, rassurez-vous, monsieur Desroches, l'assassin du comte, ce ne sera pas moi. — Les fatigues, les déceptions, la fièvre, les sources empoisonnées par les Indiens ; vos compatriotes, monsieur, qui ne manqueront pas de se faire gratteurs d'or, pendant le jour, et de s'embusquer, la nuit, une espingole au poing, voilà bien assez d'exécuteurs de ma sentence. — Il mourra, vous dis-je ! La fièvre de l'or incendie ses veines, et cela suffit. C'est une fièvre qui tue.

HENRI, à part. Oh ! c'est maintenant que je ne quitte plus Clarisse. C'est désormais que je dois veiller sur elle. (On entend à la cantonade un bruit de cloche, de fouet, de chevaux et de voitures.)

SCÈNE XII.

LES MÊMES, GEORGES DE MONTALÈGRE, GALOUBET, FRANCINE, POLISSART, TABASCO, LE MAJORDOME, VOYAGEURS, HOMMES DE L'EXPÉDITION DE GEORGES, etc. (Grande variété de costumes des deux Amériques.)

PLUSIEURS VOIX. Le départ ! le départ !

GEORGES, entouré de plusieurs personnes qui lui pressent la main. Merci, messieurs, merci de vos bons souhaits pour moi et pour madame la comtesse. — Eh bien, monsieur le majordome, et ce vin de France que j'ai fait demander ?

LE MAJORDOME, suivi de domestiques portant des plateaux. Monsieur le comte, vous êtes servi.

GEORGES. Allons, messieurs, et vous, monsieur Desroches, faites-moi raison avec ce vin de ma patrie. — Je bois à l'avenir qui m'attend, c'est-à-dire au courage, à l'audace, à l'inconnu !

ARIANIGA, saisissant un verre. Et moi, Andrès Arianiga, je bois au salut des âmes de ceux à qui l'amour effréné de l'or creusera une tombe au Sacramento.*

* Henri, Georges, le Majordome, Andrès. Les voyageurs groupés dans le fond.

ACTE DEUXIÈME.

Deuxième Tableau.

LE PLACER DU SACRAMENTO.

L'un des campements établis par les chercheurs d'or du Sacramento. — Tentes de coutils, huttes de feuillage, ou simples couvertures de laine fixées sur quatre pieux. A droite, au premier plan, la tente de Polissart, avec cette enseigne : *Polissart, maître à danser ; adoucit les mœurs, enseigne la vertu, le pas de gavotte, et tout ce qui concerne son état.* — Un banc et un tonneau sans fond sont placés à l'entrée ; même plan, à gauche, la tente de Francine, avec ces mots : *Modes françaises.* — Une grande caisse sert de comptoir et supporte un assortiment de bonnets, de mantilles, de chiffons et de rubans. — Le reste du théâtre est coupé par les accidents de terrain où sont groupés pêle-mêle les travailleurs des placers, les uns avec des cribles, où ils agitent le sable ; des claies où ils tamisent la terre, des tonneaux à laver qu'ils tournent au moyen d'une manivelle ; les autres piochant et bêchant. — Le paysage du fond représente une vallée chaudement éclairée par le soleil.

SCÈNE PREMIÈRE.

POLISSART, FRANCINE, LE RASCADOR, KENTUCKI, GALOUBET, LE MÉTIS, chercheurs d'or de toutes les nations, Américains en pantalon blanc et en chapeau de paille, Indiens à demi nus, couverts de la pagne éclatante ; émigrants européens dans une toilette délabrée ; Californiens au teint bronzé, avec la petite veste ronde brodée d'or et de soie, la culotte de velours et les bottes de peau de daim ; femmes mexicaines en jupons courts richement brodés, avec leurs cheveux noirs tombant en longues tresses, et coiffées du reboso, espèce d'écharpe à toutes fins, rayées des plus riches couleurs. Tandis que les hommes sont rassemblés autour de Galoubet, monté sur un tonneau, les femmes se pressent autour de Francine et lui marchandent ses chiffons.

GALOUBET, monté sur un tonneau, un peu à droite. A trente piastres, pour la première !

LE RASCADOR. Trente-cinq !

KENTUCKI. Quarante !

LE MÉTIS. Quarante-cinq !

GALOUBET. Quarante-cinq piastres ! Une

pioche pour quarante-cinq piastres ! C'est un coup de fortune ! Une pioche qui vous dispensera de creuser le sable avec vos ongles, et qui vous débarrassera de ce vilain sobriquet de *grattleurs* dont on se plaît à vous nommer, honnêtes caballeros ! qui accourez sur les rives du Sacramento pour y récolter la poudre d'or et les pépites d'or !... à quarante-cinq piastres pour la première !... Eh ! là-bas, le rascador, vous qui avez déjà la brouette, arrangez-vous de la pioche.

LE RASCADOR. Allons !... cinquante piastres !

GALOUBET. Cinquante piastres ! Et vous, le métis, qui avez la pelle, la pelle ne va pas sans la pioche.

LE MÉTIS. Eh bien ! cinq piastres de plus.

GALOUBET. A cinquante-cinq piastres, une pioche toute neuve que je vends pour cause de départ et de liquidation forcée.

FRANCINE. A-t-il donc de l'éloquence, cet intrigant de Galoubet !

POLISSART. Il est admirable !

GALOUBET. Eh bien ! et vous, là-bas, l'Américain, le Yankee, le Kentucki, vous qui n'êtes pas outillé ; allons, un peu de courage !

KENTUCKI. Eh bien ! va pour les quatre onces d'or !

GALOUBET. Quatre onces ! La bagatelle de quatre onces ! Trois cent vingt pauvres misérables francs, une pioche ! C'est donné ! A quatre onces pour la première, à quatre onces pour la seconde !... On ne dit plus mot ? Gare les remords !

UNE VOIX. Soixante-dix piastres !

KENTUCKI, *se faisant jour dans la foule*. Caramba ! je veux la pioche... Quatre-vingts piastres !

UNE VOIX. Quatre-vingt-cinq !

KENTUCKI. Dix !

GALOUBET. Quatre-vingt-dix !

LA VOIX. Quinze !

GALOUBET. Quatre-vingt-quinze !

KENTUCKI. Cent piastres !

GALOUBET. Cent piastres !... A cent piastres pour la première ! Cent piastres ! à cent piastres !... On ne dit plus rien. Une fois, deux fois !... Hein !... On a parlé ?... A cent piastres pour la dernière ! Adjugez la pioche à Kentucki.

FRANCINE. Enfin, c'est bien heureux ! Le voilà débarrassé de ces méchants outils avec lesquels il attrapait plus de courbatures et de coups de soleil que de pépites et de lingots.

KENTUCKI. Seigneur Galoubet, allons ici chez le peseur... Je vous dois six onces huit deniers.

GALOUBET. Holà ! papa Polissart, arrivez, et pesez-nous six onces huit deniers.

POLISSART. Oui, mes amis. (*Il traverse la scène, va chercher ses balances dans sa tente et les pose sur un tonneau.*)

FRANCINE, *avec dignité et tendant la main à Galoubet*. Galoubet, vous avez mon estime.

GALOUBET. Hein ! suis-je obéissant ! Galoubet, m'avez-vous dit, le métier de chercheur d'or est odieux. C'est un métier de coupe-jarret, de chien enragé, où les querelles, les coups de couteau et les fièvres sont le plus clair des bénéfices ; Galoubet ! je ne veux plus que vous touchiez à ce sable maudit ! Galoubet ! vendez votre matériel... et Galoubet vend son matériel. (*Il chante.*) Oui, l'or n'est qu'une chimère.

FRANCINE. Croyez-moi, persévérez dans ces bons principes, car autrement il vous faudrait choisir entre les pépites d'or et Francine.

GALOUBET, *chantant*. J'aime mieux Francine, ô gué ! j'aime mieux Francine !

FRANCINE, *riant*. Taisez-vous, ténor, vous chantez faux.

GALOUBET. Mais je dis vrai. Ce qui n'empêche pas que de compte fait, grâce aux rébecos et aux mantilles que vous chiffonnez de vos doigts mignons pour les dames des placers, ainsi qu'aux diverses industries de l'ingénieux Polissart, l'association Francine, Galoubet et compagnie, est à la tête d'un actif de trois mille piastres environ, soit quatre cents onces d'or !... Est-ce gentil, hein ! Et ma jolie Francine ne regrettera pas, j'espère, d'être venue tenter ici la fortune sous l'aile protectrice de son fidèle Galoubet.

FRANCINE. Ah ! laissez donc, depuis que je n'entends plus parler que d'onces d'or, de sable d'or, de pépites d'or, de poudre d'or, je sais bien ce que je regrette...

GALOUBET. Qu'est-ce que vous regrettez, Francine ?

FRANCINE. Je regrette les sous de Monaco.

GALOUBET. Tiens ! c'est vrai, ces pauvres vilains sous ; j'ai envie de les revoir aussi, moi... A propos, c'est décidé ? Nous partons toujours ?

FRANCINE. Nous en causerons tout à l'heure.

POLISSART, *à Kentucki, qui conteste le poids*. Mes balances sont de meilleur aloi que votre or, monsieur ! Je suis Polissart, monsieur ! Maître de danse, ménétrier et peseur juré du placer. Je suis connu, monsieur ! et j'ose dire que chez moi le cœur et les balances sont aussi justes que l'oreille et le coup d'archet, monsieur !

LE RASCADOR, *au métis. Ils descendent la scène.*[*] Je vous demande soixante-quinze

[*] Galoubet, Francine, le Rascador, le Métis, Kentucky, Polissart.

pour cent de prime sur l'or que vous ramasserez, et, à cette condition, je vous prête ma brouette.

LE MÉTIS. Soixante-quinze pour cent! Vous voulez rire. Gardez votre brouette.

LE RASCADOR. Alors cédez-moi votre pelle.

LE MÉTIS. Volontiers! Je vous la loue.

LE RASCADOR. Combien?

LE MÉTIS. Dix piastres par heure!

LE RASCADOR. Dix piastres! Êtes-vous fou?

KENTUCKI, *s'avançant entre eux deux.* Permettez, caballeros; vous avez l'un une pelle, l'autre une brouette; mais cela ne suffit pas. Pour creuser la terre, il faut une pioche.

LE RASCADOR. J'achète la vôtre.

LE MÉTIS. Combien en voulez-vous?

LE KENTUCKI. Cinq cents piastres. (*Le Rascador et le Métis se récrient et se disputent avec Kentucki.*)

GALOUBET. Cinq cents piastres, Francine! Je suis volé! Je ne l'ai vendue que cent piastres.

FRANCINE. Et combien vous avait-elle coûté à la Nouvelle-Orléans?

GALOUBET. Trente sous.

POLISSART, *aux trois gratteurs.* Je vous prie, messieurs, d'aller faire un peu plus loin vos transactions. Je suis Polissart, homme connu par ses bonnes mœurs; et vous m'indignez!

LE RASCADOR. Éloignons-nous de ce vieux bavard.

KENTUCKI. À trois pas d'ici, je connais un endroit favorable. Trois coups de couteau; c'est l'affaire de trois minutes.

LE MÉTIS. Caballeros, je suis à vos ordres. (*Ils s'éloignent tous trois.*)

SCÈNE II.

LES MÊMES, *moins* KENTUCKI, LE RASCADOR *et* LE MÉTIS.

POLISSART, *allant à Galoubet.* Galoubet, voici votre or. Est-il possible! Moi qui suis venu en Californie dans un but philanthropique; moi qui pensais que l'enseignement de la danse noble, art auquel je me livre avec passion, j'ose le dire, aurait pour effet...

GALOUBET. D'adoucir les mœurs et de ramener à la pratique des vertus... connu!

FRANCINE. Eh bien! papa Polissart, à qui en avez-vous?

POLISSART. À l'espèce humaine! Je méprise l'espèce humaine.

GALOUBET. Merci, Polissart.

POLISSART. Voilà trois chercheurs d'or qui préfèrent s'aller tuer plutôt que de s'entendre... Je le proclame! l'esprit se refuse à croire à de pareilles barbaries.

GALOUBET. Avec ça qu'il serait parfaitement oiseux de crier à la garde... Tout ce qu'il y avait de juges, de constables, de gendarmes et de policemen à cent lieues à la ronde, est devenu gratteur de sable... Les geôliers ont suivi les gendarmes, les voleurs ont imité les geôliers; de sorte qu'il n'est pas rare, sur le placer, de voir monsieur le juge aux assises boxer avec monsieur le voleur, pour la possession d'un grain d'or ou d'une pépite, comme ils appellent cela, et quelquefois monsieur l'attorney-général terminer la querelle en volant le voleur aussi bien que le juge! (*On entend des cris dans le fond à droite.*)

FRANCINE. Ah! mon Dieu, qu'y a-t-il encore?

GALOUBET, *calme et convaincu.* C'est quelque magistrat qui aura volé! (*Pampas poursuivi par un rascador traverse le théâtre.*)

SCÈNE III.

LES MÊMES, TABASCO, KENTUCKI.

CRIS. Arrêtez l'Indien! arrêtez Pampas!

FRANCINE. C'est Pampas! il n'en fait jamais d'autre. (*On entend deux coups de feu. Pampas a bondi par-dessus la tête de ceux qui voulaient l'arrêter, et a disparu par le fond à gauche.*)

TABASCO, *accourant.* Je l'ai tué, à moi son or!

KENTUCKI, *le suivant.* Halte là, Tabasco, c'est moi qui l'ai touché.

TABASCO. Tu en as menti, Kentucki, c'est ma balle qui a porté!

KENTUCKI, *tirant son couteau.* Attends, je vais te prouver si je manque jamais mon coup. Je viens d'en expédier deux qui valaient mieux que toi! (*Il disparaît à gauche poursuivant Tabasco.*)

SCÈNE IV.

LES MÊMES, *excepté* TABASCO *et* KENTUCKI.

FRANCINE. Allons, voilà le Kentucki aux prises avec Tabasco!

POLISSART, *redescendant la scène, avec des gestes lamentables.* L'abomination est consommée!

FRANCINE. Que voulez-vous dire, Polissart?

POLISSART. Eh bien! ils l'ont tué.

FRANCINE. Le voleur?

POLISSART. Non pas, le volé! On tue toujours le volé, parce qu'on partage avec le voleur.

FRANCINE. Ce Tabasco! ce Kentucki! Voilà pourtant les compagnons, les associés de M. le comte de Montalègre... Si nous déjeunions, Polissart?

POLISSART. Tiens! c'est une idée. M'avez-vous acheté ma petite flûte?

FRANCINE, *elle est allée prendre son panier dans sa tente, et vient le poser sur un banc près de celle de Polissart.* Oui, Polissart, mais le prix en est un peu augmenté... Aujourd'hui les petites flûtes d'un sou coûtent quatre dollars... soit, vingt francs!

POLISSART. Vingt francs! c'est un peu salé, en effet, mais je ne saurais y renoncer. Je déjeune ainsi depuis trente-cinq ans. (*Francine met le couvert sur le tonneau.*)

FRANCINE. Ce pauvre Polissart! sa vie toute entière ne fut qu'un innocent concerto de violon et de petite flûte... Allons, consolez-vous, je me suis rattrapée sur les autres services..... D'abord la tranche de viande sèche pour Galoubet. (*Elle tire de son panier une lanière de viande.*)

GALOUBET. Qui est-ce qui a dit viande sèche? Tasajo, c'est le mot du pays, dites donc tasajo.

FRANCINE. Eh bien! tasajo!... je ne l'ai payée que quarante francs... et mes quatre bananes grillées avec mes petits gâteaux de maïs, dix piastres! (*Elle tire ces objets du panier, ainsi qu'un flacon.*)

POLISSART. Ah! Et la petite goutte de riquiqui.

GALOUBET. Qui est-ce qui a dit riquiqui? Ça s'appelle du pisco, papa Polissart. Pisco, c'est le mot du pays.

POLISSART. Pisco! oui, pisco... Capisco!

GALOUBET. Tiens! mais alors, vingt et quarante, soixante, et cinquante, cent dix... et dix pour le pisco, ça nous fait cent vingt francs! Nous qui ne déjeunions pas à moins de deux cents francs! Vous faites donc des économies, Francine?

FRANCINE. Oui, car nous restons encore quelques jours au placer. (*Ils se mettent à déjeuner.*)

GALOUBET. Bah!

FRANCINE. Allez donc me chercher mon parasol, Galoubet!

POLISSART. Comment! moi qui me faisais une fête de quitter ce séjour d'horreur.

FRANCINE. Que voulez-vous? Cette pauvre madame de Montalègre m'a tant suppliée, que, ma foi! je n'ai pas eu le cœur de lui dire non.

GALOUBET. A propos! comment va-t-elle?

FRANCINE. Pas trop bien, elle a eu cette nuit un accès de fièvre nerveuse, et cela inquiète infiniment notre beau jeune docteur, M. Desroches, qui ne la quitte plus... Avec ça qu'elle a toujours ses lubies, ses hallucinations..... Mais faites-moi donc de l'ombre, Galoubet, vous me laissez griller!

GALOUBET. On ne m'ôtera pas de l'idée qu'elle est somnambule, cette femme-là!

FRANCINE, *riant.* Est-il bête!... Enfin, ça n'empêche pas qu'elle me disait ce matin en regardant comme cela devant elle, dans le vague... avec son œil qui a toujours l'air de voir des choses que les autres ne voient pas: Francine, quelque chose m'annonce qu'Arianiga, le roi des sables d'or, s'avance vers le camp.

POLISSART. Bon, il ne manquait plus que cela, l'homme le plus impoli que j'aie jamais rencontré! (*Pampas paraît vers la tente de Francine, examine avec admiration les bonnets qui y sont étalés, et s'empare d'une espèce de mantille de gaze ornée de rubans dont il se coiffe.*)

SCÈNE V.

LES MÊMES, PAMPAS.

GALOUBET. On dirait que ce visage safran traîne le malheur après lui. Nous ne l'avons aperçu que trois fois depuis notre départ de la Nouvelle-Orléans, et ça nous a valu trois catastrophes.

FRANCINE. Pourvu que sa quatrième apparition ne soit pas marquée d'un quatrième malheur! Madame Clarisse en a si bien le pressentiment, qu'elle a conjuré son mari de ne pas la quitter ce matin, et que M. le docteur Desroches est parti pour aller faire une battue dans les environs. On va même jusqu'à dire que des espions indiens se sont glissés dans le camp, et que nous pourrions bien être attaqués! (*Pampas s'est approché de Polissart, auquel, sans être vu, il fait toutes sortes de grimaces et de démonstrations comiques.*)

POLISSART. Ah! mon Dieu! Ah! voilà que je n'ai plus d'appétit... Des Indiens! des peaux rouges! Depuis que j'ai lu les romans de M. Fenimore Cooper, j'ai toujours eu ces gens-là en exécration. (*Avec effroi, et apercevant Pampas qui vient de lui arracher sa flûte.*) Ciel! je crois qu'en voilà un!

FRANCINE, *se levant.* Je crois bien que c'en est un, c'est Pampas! Mais celui-là n'est pas méchant, il n'est que voleur... Eh bien!

de quoi s'est-il donc coiffé? Une de mes mantilles! Veux-tu bien enlever cela de ta vilaine tête, horrible petit magot!

GALOUBET. Il est toujours à rôder autour du campement; tout à l'heure c'est lui qu'on poursuivait. Qu'est-ce que tu as encore volé, hein? mauvais drôle!

POLISSART. Vous savez bien qu'il ne comprend pas le français, et que j'ai seul le don, grâce au talent de pantomime dont je suis doué, de me faire entendre de cette espèce de chimpanzé. (*Il se met en devoir d'adresser des interpellations par gestes et par signes à Pampas, lequel lui détache des coups de pied dans les jambes, tout en offrant à Francine une chevelure qu'il porte à sa ceinture.*)

GALOUBET, *éclatant de rire*. Bon! le voilà qui vous offre une chevelure, en échange de la mantille.

FRANCINE, *riant aussi*. Eh bien! qu'est-ce que vous diriez, Galoubet, si j'acceptais des cheveux de ce petit sauvage?

GALOUBET. Mais c'est qu'il vous les offre très-sérieusement!

FRANCINE, *repoussant Pampas*. Fi l'horreur!

POLISSART. Attendez, je vais lui démontrer combien sa galanterie est inconvenante. (*Pantomime dans laquelle Polissart expose à Pampas la manière de parler à une jolie femme et de lui faire une déclaration. Il se jette aux genoux de Francine, Pampas profite de cet instant pour le saisir par sa perruque en menaçant de le scalper, et au grand étonnement du sauvage, le toupet lui reste dans les mains.*)

POLISSART. Au secours, au secours!

FRANCINE, *perdant l'action*. Ciel! il va le scalper!

GALOUBET, *riant*. Il n'y a pas de danger! (*Pampas émerveillé se sauve avec la perruque et la mantille. Polissart veut lui courir après, mais l'Indien lui passe entre les jambes et disparaît.*)

FRANCINE. Mais il emporte ma mantille!

POLISSART. Il m'a chippé ma perruque!

GALOUBET, *ramenant Polissart*. Consolez-vous, Polissart, elle aura l'honneur de figurer, pendue comme un trophée, dans un wigwam indien!

POLISSART. Mais je n'en ai pas de rechange! je dois être affreux, je dois être laid à faire peur!

FRANCINE, *revenant à son tour*. Eh bien, non; ça ne vous change pas trop. (*Bruit dans la coulisse, à gauche.*)

GALOUBET, *qui est remonté*. Allons, bon! voilà Tabasco et Kentucki qui reviennent en se querellant. Pourvu que nous n'ayons pas encore des couteaux au soleil.

SCÈNE VI.

LES MÊMES, TABASCO, KENTUCKI, LES RASCADORES, TOUT LE MONDE.

TABASCO. Je vous dis que c'est moi qui viens de trouver le sac dans les mains de Pampas, la poudre d'or m'appartient!

KENTUCKI. Erreur; c'est moi qui ai tué celui à qui on l'avait prise; c'est naturellement moi qui hérite.

TABASCO. Celui à qui on l'a prise l'avait volée lui-même.

KENTUCKI. Raison de plus, les lois du placer adjugent les dépouilles d'un voleur à celui qui le tue.

TABASCO. Alors, elles sont à moi, puisque c'est moi qui les ai arrachées à Pampas.

KENTUCKI. Caballero!

TABASCO. Senor!

KENTUCKI. Votre stylet est-il aussi bien affilé que votre langue?

TABASCO. Mon couteau a perdu sa gaîne et en cherche une autre.

KENTUCKI. Et mon poignard s'ennuie dans la sienne. (*Ils s'enveloppent de leur zazappe, ou couverture de laine, tirent leur couteau et se préparent au combat.*)

TOUS. Viva! viva! faites le rond.

FRANCINE. Ah! ils vont se massacrer, je me sauve!

GALOUBET, *s'interposant*. Caballeros! voyons, nobles caballeros.

POLISSART. Messieurs! de grâce. (*A part.*) Je m'en vais chercher mon violon; c'est comme ça que je les calme. (*Il entre dans sa tente, où il disparaît un instant.*)

SCÈNE VII.

LES MÊMES, ARIANIGA.

ARIANIGA, *paraissant au fond et se faisant jour à travers la foule*. Laissez-les donc se battre! (*Tous avec un sentiment de respect et de terreur.*) Arianiga!

ARIANIGA. Chaque animal doit suivre son instinct; celui de l'homme comme celui de la hyène est d'aimer le sang et les cadavres; continuez, caballeros, continuez. (*S'approchant de Francine.*) Dites-moi, mon enfant.

FRANCINE, *troublée*. Monsieur...

ARIANIGA. Le bruit court que madame la comtesse est très-souffrante. Est-il vrai?

FRANCINE. Hélas! oui, monsieur, oui... elle a eu cette nuit une fièvre qui l'a brisée (*A part.*) Qu'est-ce que cela peut donc lui faire, à cet homme?

ARIANIGA, *à part*. Je n'avais pas prévu cela. Et cependant mes Indiens arrivent, ils approchent!

TABASCO, *à Galoubet*. Laissez donc, caballero, je m'en vais lui fournir un coup de pointe dont vous serez ravi.

ARIANIGA. Eh bien, Tabasco, ramasses-tu beaucoup d'or pour le compte de M. de Montalègre?

TABASCO, *se mettant en garde*. Ah! ne m'en parlez pas, c'est une sotte association que celle que j'ai faite là. Nous nous ruinons ensemble à petit feu. Mais vous, senor, vous ne venez donc pas prendre votre part aux travaux du placer?

ARIANIGA. Est-ce que le gambusino touche à un placer quelque riche qu'il soit, dès que ce placer a été profané par vos mains? Est-ce qu'il épouserait une femme, fût-elle belle comme la beauté, si cette femme avait été souillée par d'indignes amours! Caballeros, Dieu bénisse vos couteaux. (*Il s'éloigne.*)

SCÈNE VIII.

LES MÊMES, *moins* ARIANIGA.

KENTUCKI, *se jetant sur Tabasco*. Pare celui-ci, Tabasco.

TABASCO. Et celui-là, Kentucki.

SCÈNE IX.

LES MÊMES, POLISSART.

POLISSART, *la tête nue sans perruque, jouant du violon, dansant et chantant avec frénésie*. Tra la la, tra de ra la la. (*Air de la gavotte.*)

TOUT LE MONDE, *éclat de rire général*. Vive Polissart! Polissart! (*On bat des mains.*)

POLISSART, *sur le devant*. Ils ont ri, les voilà désarmés! c'est de moi qu'on rit, mais ça m'est égal. (*Avec enthousiasme.*) J'épargne le sang humain! en avant le boléro!

GALOUBET. C'est ça! le boléro, le fandango, et la catchucha folichonne! (*Il chante accompagné du chœur.*)

Par nos chansons
Charmons l'écho!
Et puis dansons
Le fandango!
Tous tes appas,
Sacramento,
Ne valent pas
Le boléro!

On danse.

PREMIER COUPLET.

Tous ces fous de qui la vie
Tient sur le fil d'un couteau,
Je les vois, sans nulle envie,
Dans l'or creuser leur tombeau

} *Bis.*

REPRISE DU REFRAIN, *en dansant*.

On voit pendant ce temps Arianiga traverser la scène, et Pampas lui faire des signes en lui montrant une légère lueur qui commence à éclairer le fond du théâtre. Arianiga disparaît à gauche. Tabasco, qui a surpris les signes de Pampas, remonte la scène d'un air inquiet.

DEUXIÈME COUPLET.

Entre l'or et ma maîtresse,
J'ai bien vite fait un choix:
J'abandonne, sans tristesse,
La mine pour le minois!

Pendant le refrain du dernier couplet, Pampas est venu se mêler à la danse, et agite, devant les yeux de Polissart, le faux toupet qu'il lui a volé.

POLISSART. Ma perruque! Le misérable!

CRI GÉNÉRAL. Les Indiens! les Indiens! (*La danse est interrompue, la lueur en augmentant a pris un éclat rougeâtre.*)

TABASCO. Ciel! voyez! cette fumée, là-bas! On dirait un incendie.

FRANCINE. Galoubet! je ne veux pas que vous alliez vous faire tuer.

GALOUBET, *qui a saisi sa carabine*. Et moi, je ne veux pas que vous ayez des aventures avec les sauvages. (*Il court à la tente de Polissart, et l'en arrache.*) Venez, Polissart!

POLISSART. Y pensez-vous! aller me battre! je n'ai pas de perruque.

GALOUBET. Vous êtes effrayant, vous les ferez reculer d'horreur. (*Il chante.*) Amis secondez ma vaillance. (*Il l'entraîne, suivi de la foule et de Rascadores en armes.*)

SCÈNE X.

FRANCINE, *entourée de femmes du pays qui se pressent effrayées autour d'elle*.

Ah! je mourrai, c'est sûr, dans cet affreux pays!.. — Ciel! regardez! il me semble que les flammes viennent du côté des hangars qui appartiennent à M. le comte. — Mais il accourt lui-même, le voici.

SCÈNE XI.

FRANCINE, GEORGES DE MONTALÈGRE, *puis* TABASCO.

GEORGES, *arrivant par la droite, suivi de quelques hommes*. Ah! c'est vous, Francine! courez auprès de ma femme, rassurez-la, elle est dans une telle agitation! — Moi je vole à la défense du camp.

TABASCO, *accourant par la gauche.* Ah! monsieur le comte!

GEORGES. Eh bien!

TABASCO. Vos hangars, vos barraques, tout ce que vous aviez de chariots, d'outils et de matériel de campement, tout est réduit en cendres; les Indiens y ont mis le feu!

FRANCINE. Ciel!

GEORGES. Que dites-vous? mais c'est ma perte, c'est ma ruine. L'achat de ces équipages avait épuisé mes ressources. Voyons, vous autres, suivez-moi, tout n'est peut-être pas perdu.

TABASCO, *à part.* Il faudra que je règle mes comptes avec lui, et plus tôt que plus tard.

FRANCINE, *dans le fond.* Ah! monsieur le comte! nos gens reviennent; j'aperçois Galoubet (*avec un sentiment de terreur*) et le Gambusino!

GEORGES. Arianiga! il n'est peut-être pas étranger à ce désastre! (*Il sort par la gauche avec ses hommes.*)

SCÈNE XII.

La foule compacte des gratteurs et des rascadores, puis ARIANIGA *et* HENRI DESROCHES.

TOUT LE MONDE. Victoire! victoire! vive Arianiga! viva! viva!

ARIANIGA. Eh bien! qu'entends-je? pourquoi ces cris? — Ils croient donc, ces corbeaux avides, que c'est pour eux que j'ai dispersé les Indiens? Les Indiens! mais ce sont mes meilleurs amis. — Non, c'est pour elle! c'est pour Clarisse! (*Allant à Henri, qui entre par la gauche.*) Henri, n'êtes-vous pas blessé?

HENRI. Non, mais vous, qui vous êtes jeté au milieu de la mêlée, et qui m'avez sauvé la vie, au péril de la vôtre... — Que vois-je! du sang!

ARIANIGA, *il est blessé au bras droit.* Ce n'est rien, une flèche morte qui m'a effleuré la peau.

HENRI. N'importe, la blessure est profonde, et je veux l'examiner. (*Pendant qu'il l'entraîne vers la tente de Francine, où les femmes donnent tout ce qu'il faut à Henri pour panser la blessure d'Andrés, Francine, qui est allée à la rencontre de Galoubet, revient par le fond avec lui.*)

SCÈNE XIII.

HENRI, ARIANIGA, GALOUBET, FRANCINE, FEMMES *et* HOMMES *du placer.*

GALOUBET. Ah! Francine! quel malheur!

FRANCINE. Ciel! qu'est-il arrivé?

GALOUBET. Prisonnier!

FRANCINE. Qui?

GALOUBET. Polissart!

FRANCINE. Polissart!

GALOUBET. Oui, ce malheureux, imbu de l'idée qu'un petit air de contredanse suffirait pour ramener ces sauvages à des sentiments honnêtes, leur a détaché tant de trilles et de bémols, que ces cannibales se sont rués sur lui, et l'ont emmené en poussant des cris d'admiration.

FRANCINE. Est-il possible!

GALOUBET. Ils l'auront pris pour un objet d'art.

FRANCINE. Mais c'est horrible! c'est affreux! et que va-t-on lui faire?

GALOUBET. Il sera mangé.

FRANCINE. Mangé! (*Allant à Henri.*) Ah! monsieur Desroches, Polissart, qui va être mangé!

ARIANIGA, *se levant.* Rassurez-vous, mon enfant, j'enverrai des ordres pour que M. Polissart vous soit rendu. — Mais, allez vers la comtesse que tout ce tapage doit avoir inquiétée.

HENRI. Laissez! j'y cours moi-même.... (*Galoubet et Francine sortent par la droite.*)

SCÈNE XIV.

HENRI, ARIANIGA, *au fond les gens du placer.*

ARIANIGA, *qui a retenu Henri.* Un instant, monsieur Desroches. — Un devoir sacré m'appelle dans mes montagnes, mais mon absence sera courte, je reviendrai. Seulement, avant de partir, je dois vous répéter les paroles que je vous ai dites à la Nouvelle-Orléans. Je vous ai dit : Ne suivez pas le comte, car moi et vous nous pourrions nous trouver face à face... — Et cependant, vous avez suivi, non pas le comte, mais la comtesse. — Oh! j'ai tout deviné...

HENRI. Eh bien! quand cela serait, quand j'aurais voulu, moi qui connaissais vos desseins, me placer debout, entre eux et Clarisse, déterminé à la défendre?

ARIANIGA. La défendre! Remerciez alors le malaise de cette nuit qui lui a ravi ses forces, car si je n'eusse pas reculé devant sa faiblesse, devant la crainte d'aggraver ses souffrances, Clarisse serait à moi, et mes Indiens à cette heure l'emporteraient au désert !

HENRI. Qu'entends-je !

ARIANIGA. Une dernière fois, je viens donc vous dire : Retirez-vous de mon chemin. A vous de répondre ; que décidez-vous ?

HENRI. Ma décision est prise. Je reste.

ARIANIGA. C'est votre dernier mot ?

HENRI. C'est mon dernier mot.

ARIANIGA. Monsieur, vous m'avez sauvé la vie dans les plaines sauvages de Goredjo, je viens de sauver la vôtre à deux pas d'ici.

HENRI. Et bien !

ARIANIGA. Croyez-vous que nous soyons quittes ?

HENRI. Je vous comprends, oui, nous sommes quittes, — oui, nous pouvons nous haïr.

ARIANIGA. Autant que l'un et l'autre nous aimons Clarisse ! — C'est bien, adieu.

HENRI. Au revoir.

SCÈNE XV.

HENRI, GEORGES, ARIANIGA.

GEORGES, *arrivant par la gauche suivi de ses hommes.* Arianiga ! les Indiens qui viennent de se jeter sur notre camp et de brûler tout ce qui m'appartenait, se sont retirés sur un signe de vous.

ARIANIGA, *avec hauteur.* Que prétendez-vous en conclure ?

GEORGES. Que vous, qui avez ordonné la retraite, vous avez bien pu organiser l'attaque.

ARIANIGA. Après ?

GEORGES. Ah ! c'est ainsi, misérable ! tu me braves ! — Et si je m'assurais de ta personne, si je m'emparais de toi !

ARIANIGA. De moi ! Eh bien, faites-le, cher comte. Lancez sur moi vos vils rascadores, et mes Indiens qui sont encore à portée de mes cris, reviendront la hache et la torche à la main, vous demander compte de ma liberté et de ma vie. (*Il fait un pas, les hommes du comte qui le serraient de près se reculent.*) Oui, je te hais, comte de Montalègre ; et si tous ce qu'a médité ma haine n'est pas encore accompli, si je ne t'ai donné que la ruine, — et pas encore le désespoir, — c'est que la proie, la proie qu'il me faut, j'attends pour l'enlever, le jour où je la sentirai forte et vivante palpiter sous ma main. (*Il désigne du geste l'endroit où sont les tentes de Georges. Celui-ci, qui paraît frappé d'une lumière subite, a fait un mouvement.*) Comte de Montalègre, Dieu te garde ! (*Ils s'éloignent.*)

GEORGES. Ah ! je devine !

HENRI, *à part.* D'ici là je serai mort, ou j'aurai sauvé Clarisse.

Troisième Tableau.

LA SECONDE VUE.

L'intérieur d'une tente ; l'entrée à droite est fermée de larges portières de coutil ; à gauche, au fond, dans le pan coupé, un lit de repos, dressé dans une alcôve également fermée de rideaux de la même étoffe, et intérieurement éclairée par une lampe de nuit.

SCÈNE PREMIÈRE.

GEORGES DE MONTALÈGRE *et* HENRI DESROCHES, *debout, l'un au chevet, l'autre au pied du lit où* CLARISSE *est couchée.* — FRANCINE *assise à droite, et arrangeant différents objets sur un guéridon.*

FRANCINE. Enfin, elle est calmée, cette pauvre madame Clarisse, je crois même qu'elle repose. C'est tout de même là une terrible nuit que nous avons passée ! — Quelle crise, bon Dieu ! M. le comte en a été tout ému, car au fond, c'est un brave homme. — Mais le plus étonnant, c'est que M. le docteur Desroches n'a pas eu plus tôt regardé Madame, qu'elle a souri ; — et puis, il a étendu les mains comme cela, — et puis, elle a penché la tête, et elle s'est assoupie, — oh ! mais, si doucement, si gentiment ! — Allons ! à présent que tout est tranquille par ici, je m'en vais retrouver Galoubet, mon beau vainqueur... le vainqueur des Indiens !

SCÈNE II.

LES MÊMES, TABASCO. (*Francine va pour sortir et revient avec Tabasco, qui écarte brusquement les portières.*)

TABASCO. Mademoiselle Francine, mes hommes sont là qui veulent parler à M. le comte.

FRANCINE. Mais taisez-vous donc !

TABASCO. Que je me taise ! ce n'est pas pour cela que je viens, c'est pour régler ! Il faut que je règle avec sa seigneurie !

FRANCINE, *allant au Comte.* Monsieur le comte ! (*Celui-ci se retourne et voit Tabasco.*)

GEORGES, *à Henri.* Docteur, je vous laisse, mais je reviens à l'instant. (*Il pousse Tabasco hors de la tente et sort, suivi de Francine.*)

SCÈNE III.

HENRI, *les mains étendues vers l'alcôve.*

Clarisse, ange et martyr, endors-toi, je veille. — Le pouvoir que j'exerce, mélange deux fois béni de science et d'amour, m'a permis de secouer le sommeil de mes doigts magnétiques, et de le faire descendre sur tes yeux. — Endors-toi et oublie. — Oublie un instant les périls et les douleurs. — Oublie ce roi des sables d'or dont l'amour te menace du fond de ses déserts; — et cet homme (*désignant le côté par où vient de sortir le comte*), cœur ambitieux, âme glacée, aux froides passions de laquelle ton âme est enchaînée. — Dors, Clarisse, mais du moins, que dans ton sommeil, si l'aile d'un songe vient à effleurer tes paupières, une voix passe et te dise que je suis là, — et que je t'aime!

SCÈNE IV.
HENRI, GEORGES.

GEORGES, *à lui même.* Ces vautours affamés! (*Il vient lentement en scène.*) J'ai cent onces de poudre d'or et pour leur part, ils en réclament soixante! (*Se retournant vers Henri.*) Ah! docteur un homme est là dehors, venant de l'ambulance; un de nos blessés se meurt.

HENRI. Ciel!

GEORGES. On vous conjure d'y courir.

HENRI. Mais je ne puis abandonner madame la comtesse.

GEORGES. Elle dort toujours?

HENRI. Parlez plus bas, je vous en conjure!

GEORGES. Savez-vous que c'est étrange! — et que vous avez accompli devant moi une de ces expériences auxquelles jusqu'ici je n'avais pas voulu croire. Ainsi, elle est bien véritablement plongée dans un sommeil magnétique?

HENRI. Oui, et j'aurais voulu veiller moi-même auprès d'elle! — Monsieur le comte, vous tenez à la vie de votre femme?

GEORGES. Qu'entends-je! Clarisse courrait quelque danger!

HENRI. Aucun, si pendant l'heure que doit durer ce phénomène, rien ne vient à troubler son sommeil. — Mais dans ce moment d'extase où toutes les forces de son être s'agitent sous ses paupières closes, si la moindre émotion, le plus léger choc intérieur, une parole, un cri, que sais-je! un souffle même venait à faire vibrer cette âme qui ne tient qu'à un fil...

GEORGES. Eh bien!

HENRI. Ce fil se briserait peut-être...

GEORGES. Dieu puissant! — Oh! mais alors, je vais m'asseoir là, — près d'elle! — C'est moi qui veux veiller! — Ma Clarisse! — Soyez tranquille, docteur, vous pouvez vous éloigner sans crainte. Je suis là, moi!

HENRI. Clarisse dormira une heure.

GEORGES. Et cette heure sera une heure de silence et de paix profonde!

HENRI, *à part.* Allons! Dieu soit loué, il l'aime encore! (*Il sort.*)

SCÈNE V.

CLARISSE, *couchée et endormie, les rideaux de l'alcôve baissés.* GEORGES DE MONTALÈGRE.

GEORGES. Clarisse!... Ah! j'ai eu tort de l'entraîner loin de la France! Le ciel natal la protégeait mieux que cette pluie de lave que verse à torrents le soleil du Mexique... Mais, quoi! retourner en Europe plus ruiné que jamais... Abandonner ces placers, ces lits desséchés des ruisseaux, ces sables enflammés où je suis sûr que ma fortune est cachée... Oui, mais dans quel lieu? Où faut-il creuser, fouiller, chercher? Ai-je l'infaillible instinct d'Arianiga? — Arianiga! ce bravache, cet insolent!... me menacer, m'attaquer! Et pourquoi? Parce que, moi aussi, je les veux découvrir ces océans d'or ensevelis dans le désert! Il les connaît, lui, il sait où ils dorment! Ah! il fait brûler mes équipages par ses Indiens!... Ah! il ose lever les yeux sur Clarisse! Car j'ai tout compris, tout deviné!... Andrès! Andrès! garde bien tes secrets, car si jamais!... Oh! il est des moments où l'on voudrait avoir l'œil de Dieu! — L'œil de Dieu... Qui sait! ô miracle! si son rayon était là... là, tout près de moi, dans le regard de Clarisse? Ces phénomènes magnétiques sont si bizarres!... Ah! qu'ai-je dit, et qu'ai-je osé concevoir?... Et pourtant, de l'or!.. de l'or qu'on a, qu'on possède, qu'on touche, de l'or à pleines mains!... (*Il s'est levé, il se rassied.*) Ce Desroches, ce rêveur! aller s'imaginer que Clarisse, au moindre bruit, serait en péril. Clarisse qui m'aime, Clarisse qui serait heureuse d'entendre ma voix. — Si elle l'entendait, cette voix, est-ce que vraiment elle y répondrait? (*Il se lève de nouveau.*) On a bien raison de le dire: ces médecins sont tous les mêmes. Pour se rendre indispensables, ils vous effrayent. Quelle folie!... Les somnambules qu'on interroge ne meurent pas! (*Il tourne les yeux vers l'alcôve où dort Clarisse.*) Je suis seul...

Si j'essayais !... (*Musique. Il tire les rideaux et demeure un instant à contempler Clarisse.*) Clarisse ! Clarisse ! (*A cet appel proféré par Georges d'une voix sourde et brisée, Clarisse se lève lentement de son lit.*) Ah ! elle est pâle comme la statue d'un tombeau !

CLARISSE, *les yeux fermés.* C'est vous qui m'appelez, Georges ?

GEORGES, *se penchant vers elle.* Elle dort !... (*Tressaillant.*) Je frissonne ! Clarisse, pardonne-moi, Dieu me garde de troubler ton sommeil !... Je te parlerai aussi doucement que tu voudras.

CLARISSE, *soulevant ses paupières, et appuyant sur Georges un regard fixe.* Georges... pourquoi trembles-tu ?

GEORGES, *s'écartant avec effroi.* Oh ! ne me regarde pas ! (*Revenant d'un pas timide.*) Dis-moi, Clarisse, te sens-tu moins souffrante et plus forte ?

CLARISSE, *penchant la tête avec un sentiment douloureux.* Oh ! cela est si doux, le sommeil !... Laisse-moi dormir, Georges.

GEORGES. Attends..... Il faut que je te parle !

CLARISSE. Non, tais-toi... chacune de tes paroles est comme un fer rouge qui me traverse le cœur. Georges, laisse-moi dormir !

GEORGES. Oh ! je t'en prie, Clarisse, je t'en prie ! Dis-moi, regarde au loin, du côté des grandes prairies... Les vois-tu, les prairies du désert ?

CLARISSE. Non, je ne veux rien voir.

GEORGES. Clarisse, il y va de ma vie !

CLARISSE. Georges, ta voix me fait mal !

GEORGES. Clarisse ! je te l'ordonne !

CLARISSE, *après un court silence et se levant debout.* Je vois !... Ah ! je vois... (*Avec un geste d'horreur.*) Georges ! laisse-moi détourner les yeux de cet homme !

GEORGES, *à part.* Ma pensée a conduit sa pensée ! Elle a vu Arianiga ! Clarisse, ma bonne Clarisse, c'est moi qui te parle ; c'est Georges, ton époux, ton amant !... Dis-moi où va-t-il, cet homme, vers quels lieux se dirige-t-il, Arianiga ?

CLARISSE, *sans effort et d'une voix unie.* Il suit le Sacramento jusqu'à sa source. Oui, c'est cela... une jeune fille l'attend auprès d'une grotte, dans les rochers de Sonoma.

GEORGES. Une grotte ?... Et dans cette grotte... qu'y a-t-il ?

CLARISSE, *émue de nouveau.* Vous me faites souffrir, Georges.

GEORGES. Clarisse, oh ! je te payerai cette minute de douleur de l'éternité de mon amour ! Clarisse, je te supplie comme on supplie les anges ; parle, réponds-moi ! Dans cette grotte, il y a... il y a sans doute un trésor caché !

CLARISSE. Non ; il y a un tombeau.

GEORGES. Un tombeau. (*A part.*) Elle se trompe, sans doute... Clarisse !

CLARISSE, *avec anxiété.* Tais-toi, ne m'interroge plus !

GEORGES. Non, mais... regarde, regarde encore ! Dans ce tombeau, tu vois de l'or, n'est-ce pas ? Tu vois des monceaux d'or ?

CLARISSE. Ah ! tais-toi, tais-toi !

GEORGES, *éperdu.* Réponds, Clarisse !

CLARISSE. Non, je ne veux pas... car si je parlais...

GEORGES. Eh bien !

CLARISSE. Si je parlais... tu violerais ce tombeau !

GEORGES, *avec éclat.* Ah !... ah ! je devine ! Ce tombeau cache le trésor d'Arianiga. (*Se retournant vers Clarisse, qui est retombée sans connaissance sur le lit.*) Mon Dieu !... Henri aurait-il dit vrai ?... Clarisse ! Clarisse !... Oh ! je suis un misérable !... (*Appelant d'une voix égarée.*) Et personne ! Henri ! Henri !

SCÈNE VI.

LES MÊMES, HENRI*.

HENRI. Ah ! j'arrive trop tard !

GEORGES. Mon Dieu !

HENRI, *une main de Clarisse dans la sienne. A part, d'une voix étouffée.* Oh ! je m'explique tout ! L'infâme !... (*Se penchant vers elle.*) Ciel ! je ne me trompe pas !... Son cœur a battu ! Le sang revient à ses lèvres.

GEORGES. Ah ! elle est sauvée !

HENRI, *se relevant.* Oui, monsieur le comte... Oui, Dieu a daigné permettre que vous ne fussiez pas un assassin !

GEORGES, *il tressaille et son regard s'éclaire.* Eh bien ! que Dieu me protège... et je pars cette nuit pour les rochers de Sonoma !

---

* Clarisse, Henri, Georges.

ACTE TROISIEME.

Quatrième Tableau.

LA GROTTE DE SONOMA.

Une vaste grotte s'ouvrant au fond sur une vallée pittoresque encaissée entre des montagnes à pic. Outre l'ouverture principale, cette voûte, formée de rochers tapissés de plantes et de broussailles, a deux autres issues, l'une à gauche, l'autre à droite, au dernier plan, et toutes deux surélevées. On arrive à l'une et à l'autre par des marches abruptes taillées dans le roc. L'issue de gauche conduit au bas de la montagne. Celle de droite est censé s'ouvrir sur une autre grotte. Au fond, dans le sens d'un pan coupé, à droite, s'élève un tombeau formé de quelques pierres grossièrement superposées. Une petite croix le surmonte. Cette grotte, située à une grande hauteur, domine la campagne, et le chemin qui part de son ouverture principale est une pente rapide.

SCÈNE PREMIÈRE.

ARIAÑIGA, CARMEN. (*On les voit tous les deux, debout sur le seuil de la grotte, appuyés l'un sur l'autre, et les yeux tournés vers les montagnes. Ariañiga, comme à l'acte précédent, porte le costume du désert : point de veste ; un simple pantalon de velours bleu, enrichi de broderies d'or ; une ceinture de soie, et par-dessus le zarappe brun rayé de noir. Carmen a la tunique rouge, par dessus une jupe plus longue en gaze blanche à pois d'or; ses longues tresses flottent libres tressées d'or et de coraux, et le roboso qui enveloppe sa tête retombe à larges plis sur ses épaules nues.*)

ARIAÑIGA. Ma sœur, ma belle et douce Carmen, laisse-moi les contempler un instant, ces hauteurs ruisselantes de soleil. C'est ici, seulement ici, en face de l'austère grandeur des solitudes, que je me sens revivre... et que j'oublie.

CARMEN. (*Ils redescendent la scène.*) Dès la première heure du jour, Andrès, j'ai quitté notre maison de la prairie, et je suis venue seule, gravissant les rochers du Sonoma, et me retournant à chaque détour du chemin pour guetter ton arrivée et courir à ta rencontre... Frère, tu as bien tardé !... Je craignais que quelque péril, quelque malheur, peut-être...

ARIAÑIGA. Rassure-toi, Carmen... et avant toute chose, saluons ces humbles pierres que recouvre la mousse des montagnes, tombe vénérée autour de laquelle plane, invisible, mais souriante, l'âme de celle qui nous a tant aimés !...

CARMEN, *inclinée vers le tombeau.* Bonne mère, la voix que vous venez d'entendre est celle d'Andrès, votre premier-né... Soyez contente de lui, car il vient de bien loin, et en arrivant il est tombé pâle et défait près de moi, comme s'il allait mourir.

ARIAÑIGA. Oui, ma mère, oui, je suis venu. Cinq fois, depuis le jour où le ciel vous a rappelée parmi ses anges, heure déchirante où je sentis mourir sur mes lèvres votre dernier souffle dans un dernier baiser... cinq fois, le temps a ramené ce funeste anniversaire; et jamais je n'ai manqué de venir près de votre couche éternelle, me recueillir et prier... Hélas! pauvre mère, ce que Dieu, dans sa bonté infinie, vous a permis de ne pas voir, nos déserts envahis, nos retraites violées, nos sables, trésors confiés aux mains libres et aux cœurs purs, déshonorés et souillés... tout cela, mes yeux le contemplent, et les larmes dont je viens arroser votre tombe sont des larmes de sang !

CARMEN. Il est donc vrai, mon frère, et ainsi que le racontent les Indiens qui reviennent de Monterey, tout le pays qui avoisine la mer est déjà inondé de caravanes d'émigrants ?

ARIAÑIGA. Oui, Carmen, et chaque jour, ces barbares s'avancent dans l'intérieur de nos terres, déchirant le sol pour en arracher les entrailles d'or, et pour y semer à la place ce qu'ils appellent la civilisation.

CARMEN, *d'un air rêveur.* La civilisation !

ARIAÑIGA. Carmen ! plutôt que d'exposer tes chastes regards au spectacle de cette civilisation triomphante, étalant ses vices, ses crimes, ses passions hideuses, ses flétrissures et ses hontes... ô Carmen ! j'aimerais mieux te voir expirante à mes pieds.

CARMEN. Et cependant, mon frère, tous les hommes qui viennent des pays civilisés ne sont pas criminels et méchants... il en est de charitables... Il en est un surtout, cœur noble et désintéressé, dont tu aimais jadis à te souvenir.

ARIAÑIGA. De qui parles-tu ?

CARMEN. Mais... de celui qui guérit les malheureux Indiens, de... d'Henri Desroches...

ARIAÑIGA. Silence, Carmen !... ne prononce plus ce nom devant moi.

CARMEN. Mon frère!...

ARIANIGA. Assez!... Il est des choses que les pierres de ce tombeau ne doivent pas entendre.—Carmen, je suis brisé de fatigue... Et puis, regarde, j'ai eu le bras frappé par la flèche d'un Indien.

CARMEN. D'un Indien!

ARIANIGA. Oh! une flèche perdue, et qui bien certainement ne m'était pas destinée.

CARMEN. Mais cette flèche était peut-être imprégnée de poison!

ARIANIGA. Je le crois... Heureusement cet homme, pour gagner les campements européens, avait dû ramper dans les hautes herbes, et le venin de ses flèches se sera sans doute amorti au contact de la rosée.

CARMEN. N'importe, frère, il faut y prendre garde...

ARIANIGA. Laisse donc... tout danger a disparu, grâce au suc des pavots sauvages... Il ne me faut plus que du repos.— Seulement, jusqu'à ce que ce bras, glacé par le poison, ait repris assez de force pour soulever, ne fût-ce que le manche d'un stylet, me voilà réduit à demander à Dieu, Carmen, qu'il éloigne de toi tout péril... car, hélas! je ne pourrais pas te défendre.

CARMEN. Me défendre! Et contre qui? Ne suis-je pas la vénération de toutes les peuplades qui parcourent le désert?... Va, Andrès, va, retire-toi, là, dans la grotte que tu as fait creuser et que j'ai tapissée de mousse. Pendant que tu dormiras, moi, je prierai.

ARIANIGA, *la baisant au front.* Pieuse enfant!...— Ma mère, j'ai voulu vous construire un tombeau digne de moi... J'ai voulu que celle qui avait porté dans son sein le roi des Sables d'Or, reposât couchée sur la dépouille des placers... Mais ce lit d'or, qu'une souveraine n'oserait rêver, que vaut-il auprès d'une prière?... Le trésor sorti de la terre y retourne; mais la prière que le ciel t'inspire, ô Carmen! doit remonter vers Dieu... (*Il monte et disparaît à droite.*)

SCÈNE II.

CARMEN, *seule.*

Oh! pardon, ma mère, pardon... mais, entre vous et mon âme passe un nom, un souvenir que je ne puis chasser... Qu'a-t-il voulu dire Andrès, en me parlant d'Henri? Henri!... Ma destinée serait-elle de le revoir, comme elle a été, l'ayant une fois vu, de ne plus jamais l'oublier?... Andrès avait l'œil menaçant, terrible... là... tout à l'heure... Oh! oui, oui, je veux prier, mais dans cette douce langue française, la langue que parlait Henri

quand il m'a dit : Au revoir!.. (*Elle s'agenouille.*)

SCÈNE III.

CARMEN, GALOUBET; *puis* LA COMTESSE, *et* FRANCINE.

GALOUBET, *paraissant au haut de l'entrée, à gauche. Il marche avec précaution et en fredonnant :* N'entends-tu rien?... Tiens, une grotte! un endroit très-frais, très-agréable, quoique peu meublé. Cela vaut toujours mieux que la roche nue, chauffée à blanc par trente degrés Réaumur. (*Plus haut.*) Par ici, mesdames, par ici!

CARMEN. Une voix! (*Elle se lève.*)

GALOUBET, *donnant la main à Francine, qui elle-même conduit la comtesse.* Ne vous gênez pas, faites comme chez vous. (*Francine et la comtesse sont en costume de cheval.*)

FRANCINE. Ma foi, si cette caverne est le domicile de quelque jaguar à jeun, il n'a qu'à se présenter; cet imbécile de Galoubet nous a si bien laissé rôtir au soleil, que, pour ma part, je me sens excellente à croquer. (*Elle détache un coup de cravache à Galoubet.*)

GALOUBET. Vous savez bien, belle Francine, que vous n'avez pas besoin d'être rissolée pour être le morceau le plus délicat... Mais, que diable parliez-vous de jaguar? Voilà, si je ne me trompe, une jeune créature qui n'a pas du tout l'air féroce... Par exemple, elle est un peu sauvage.

CLARISSE, *à Carmen qui s'est enfuie à quelques pas.* Ne craignez rien; nous appartenons à une caravane qui est venue camper au pied de vos rochers, et, ayant voulu nous aventurer dans la montagne, nous nous y sommes égarés.

FRANCINE.[*] Oh! madame, je crois que vous perdez votre temps et votre français.

CARMEN. La langue que vous parlez ne m'est pas tout à fait étrangère.

CLARISSE. Il se pourrait!

GALOUBET. Tiens, il paraît que cette jeune sauvagesse a reçu une certaine éducation.

CARMEN. Si vous êtes fatiguée, reposez-vous, et je vous remettrai ensuite dans votre chemin.

FRANCINE. Allons, elle m'a l'air d'une bonne fille; si je lui disais que nous mourons de soif?

CARMEN. Ici près coule une source dont une ombre épaisse protége la fraîcheur, et

---

[*] Galoubet, Francine, la Comtesse, Carmen.

où trempe un vase rempli de lait de cocotier. Je vais l'aller prendre ; mais, pendant mon absence, parlez bas ; à quelques pas d'ici repose un blessé, et là, devant vous, repose un mort. (*Elle sort lentement par le fond.*)

SCÈNE IV.
GALOUBET, FRANCINE, CLARISSE.

CLARISSE. Un tombeau !

GALOUBET. Dites donc, Francine, une grotte, une jeune Indienne, un tombeau... Ça me rappelle Fernand Cortès, où j'ai débuté avec tant d'éclat... vous savez ?

FRANCINE, *riant.* Oui, oui, et d'agrément. (*A Clarisse.*) Vous paraissez bien lasse, madame, et cette course malencontreuse, ainsi faite, malgré l'ordre exprès de M. le comte...

CLARISSE. Que veux-tu, Francine ? lorsque je suis seule, mon esprit se forge mille chimères... Georges est parti dès le point du jour, accompagné de Tabasco et de ses hommes, avec le projet, m'a-t-il dit, de chercher un chemin dans la montagne pour y faire passer nos chevaux. Mais pourquoi sont-ils partis munis de toutes leurs armes, comme s'ils allaient affronter quelque grand péril ?

FRANCINE. Ce n'est pas étonnant ; on dit que ce côté de la montagne est rempli de bandes de pillards...

CLARISSE. Ce n'est pas cela ; ils ont quelque projet ; et, à plusieurs mots que j'ai surpris, je ne serais pas éloignée de croire que c'est ici le but de leur expédition... Mais pourquoi tout ce mystère ?

GALOUBET. Je crois, en effet, qu'il y a quelque grande découverte sous jeu, et qu'ils ont voulu prendre leurs précautions pour n'être pas inquiétés... Je m'en vais un peu voir si je les aperçois. (*Il remonte, examine les environs et disparaît un instant.*)

FRANCINE. Pour moi, je sais bien qu'à votre place, et malade comme vous l'avez été, je serais restée tranquillement au placer, avec mon docteur sous la main.

CLARISSE. * Monsieur Desroches !... Non, il valait mieux que je suivisse mon mari... Mais je ne regrette qu'une seule chose, ma chère enfant, c'est que la bonté toute dévouée qui vous attache à moi...

FRANCINE. M'ait engagée à faire aussi le voyage ? Bah ! j'aime à voir du pays, moi... Quant à Galoubet, il était bien aise de s'informer un peu de ce pauvre M. Polissart, disparu depuis l'attaque du camp... Enfin, nous avons appris que le gambusino lui

———
* Clarisse, Francine.

avait fait rendre la liberté, et que le pauvre homme, tout à fait dégoûté de la Californie, avait repris la route de San-Francisco.

CLARISSE. Dis-moi, Francine, le soir de cette attaque du camp, que m'est-il donc arrivé ?

FRANCINE. Eh bien, mais vous avez eu une crise nerveuse très-violente, puis vous vous êtes endormie... Et le lendemain matin, nous avons appris que cet accès, qui aurait pu vous être fatal, vous avait été, bien au contraire, très-favorable, et que vous alliez beaucoup mieux.

CLARISSE. Oui, en effet, je n'ai jamais eu tant d'activité dans la pensée, tant de flammes dans les veines ; mais ce bouillonnement, cette exaltation de force m'inquiète, m'effraie... Ce n'est pas de la vie, cela, c'est de la fièvre.

FRANCINE. * De la fièvre ! Mais je vous jure, madame, que vous n'en avez pas le moindre symptôme. (*A part.*) Oh ! ces femmes nerveuses !... Après cela, je serais assez portée à croire qu'elle a son petit brin de fièvre, mais c'est au cœur !... Nous autres femmes, c'est toujours par là que nous l'avons, la fièvre.

CLARISSE, *qui a remonté la scène.* Une tombe ! Heureux celui qui dort paisible dans son cercueil, comme l'enfant dans son berceau !

SCÈNE V.
FRANCINE, CARMEN, CLARISSE.

CARMEN, *portant un vase qu'elle dépose en entrant.* Des hommes à cheval gravissent le sentier du couchant ; peut-être vous cherchent-ils, madame.

CLARISSE. Dites-moi, mon enfant, est-ce quelqu'un des vôtres qui repose dans ce tombeau ?

CARMEN. C'est ma mère.

CLARISSE. Sa mère !... Comment vous appelle-t-on ?

CARMEN. Carmen.

CLARISSE. Eh bien, Carmen, laisse-moi m'agenouiller auprès de cette croix. Les âmes des morts sont les messagers divins de la prière.

SCÈNE VI.
FRANCINE, GALOUBET, TABASCO, CLARISSE, CARMEN.

TABASCO, *en dehors, gravissant le sentier.*

———
* Francine, Clarisse.

Vous dites, seigneur Galoubet, que cette grotte renferme un tombeau ? Alors ce doit être celle que nous cherchons.

GALOUBET. Que diable peuvent-ils avoir à faire par ici ?

TABASCO, à quelques-uns de ses gens qui le suivent. Appelez le comte. (Apercevant la Comtesse, à part.) Madame la comtesse !... Ah ! Caramba !

CLARISSE. Vous cherchez cette grotte ?

TABASCO. Et ce n'est pas sans peine que nous l'avons découverte. Voilà quatre heures que nous errons dans la montagne ; mais il me semble, senora, que le seigneur comte vous avait prié de ne pas quitter le campement.

CARMEN. Madame, que dit donc cet homme ? et pourquoi cherche-t-il ce tombeau ?

CLARISSE. Je l'ignore, mais voici le comte, et il nous dira...

CARMEN. Ciel ! des hommes armés !

SCÈNE VII.

GALOUBET, FRANCINE, CLARISSE, GEORGES, TABASCO, CARMEN, LES HOMMES DE L'ESCORTE.

GEORGES. Vous ici, Clarisse !

CLARISSE. Eh bien ! en quoi cela peut-il vous surprendre et vous donner surtout cet air inquiet et menaçant ?

GEORGES. Retirez-vous, Clarisse ; deux de mes hommes vont vous accompagner jusqu'au bas de la montagne.

CLARISSE. A quoi bon vous devancer ? nous redescendrons tous ensemble.

GEORGES. Allons, j'ai dit. Je vous en prie, Clarisse, obéissez.

CLARISSE. Georges !

CARMEN, les yeux attachés sur les gens du Comte, qui font déjà des démonstrations hostiles. Madame, je vous en prie, ne vous éloignez pas !

CLARISSE. Ne craignez rien, ces hommes appartiennent à monsieur le comte de Montalègre, mon époux, et une violence, quelle qu'elle soit...

CARMEN, de plus en plus effrayée. Madame ! oh ! je vous en supplie, arrêtez-les...

CLARISSE. Mais que craignez-vous d'eux ? que viennent-ils faire ?

CARMEN. Ils viennent... ils viennent abattre cette croix et profaner ce tombeau !

CLARISSE, allant se placer vivement contre le tombeau. Ah ! ce n'est pas vrai, Georges, ce n'est pas vrai !

CARMEN, montrant Georges. Voyez, il détourne les yeux. Ah ! n'oubliez pas, madame, qu'auprès de cette tombe, vous vous êtes agenouillée et vous avez prié !

GEORGES, pâlissant. Mon Dieu !

TABASCO. Amis, le trouble et les cris de cette femme nous disent assez que le seigneur comte a dit vrai, et qu'en abattant ce tas de pierres... (Les rascadores font un mouvement.)

CARMEN. Arrêtez ! Ma mère !... c'est ma mère qui est là !... Ah ! Andrès, debout, debout ! les chakals ont flairé la curée !

ARIANIGA, du dehors. M'appelles-tu, Carmen ? (Il paraît sur le seuil de la grotte.)

CLARISSE, à droite. Arianiga ! (Marques d'hésitation chez les gens du Comte.)

TABASCO, à demi-voix. Il est seul, il est blessé... et sans armes ! Viva !

SCÈNE VIII.

LES MÊMES, ARIANIGA, CARMEN.

ARIANIGA, s'avançant. Tabasco, monsieur le comte de Montalègre ! Clarisse !... Est-ce un rêve ?... ma sœur, que demandent-ils ?

CARMEN. Je ne sais ; mais en gravissant la montagne, ils demandaient le chemin du tombeau de ta mère.

ARIANIGA. Ah !... Est-ce vrai, monsieur le comte ?

GEORGES. Pourquoi pas ?

ARIANIGA, faisant quelques pas. Hein ?... vous dites ?...

GEORGES. Tu m'as jeté un défi, Andrès, je viens y répondre. Allons, Tabasco, Kentucky, vous tous, ouvrez-moi ce sépulcre, et prenez l'or qui y est caché !

ARIANIGA, avec un cri terrible. Ah ! une arme, un poignard !...

CLARISSE, s'élançant vers le Comte. Monsieur le comte de Montalègre, vous n'êtes donc plus qu'un voleur !

GEORGES. Encore une fois, madame, éloignez-vous ! Vous autres, obéissez ! (Les rascadores s'élancent vers le tombeau, Arianiga se jette au devant d'eux.)

ARIANIGA. Arrêtez ! oui, je comprends, je suis désarmé... je suis blessé... c'est fini, la partie est jouée, perdue ! (Mouvement des rascadores.) Ecoutez !... Ah ! vous venez éventrer le tombeau de ma mère ! — Non, non, attendez. — Je sais bien, c'est seulement l'or, — c'est l'or que vous convoitez, eh bien, je vous conduirai dans un endroit où il y en a plus qu'ici. — Ici, il y a bien un peu d'or, mais il y a aussi les ossements de ma mère, — et cela occupe de l'espace, des ossements! (*Tombant à genoux.*) Je vous en prie, écoutez-moi, — on doit écouter un homme qui est à genoux, qui implore, — car enfin, je suis à genoux, moi, Andrès Arianiga, dont nul ne peut dire qu'il m'a vu pâlir et pleurer. — Allons, c'est bien, je suis votre esclave à vous tous ; — à toi, Tabasco, qui as une mère, — vois-tu, je te prie pour la mienne, pour ma mère qui est ici... (*En se levant avec violence.*) Ma mère! ma mère qu'ils vont insulter, les infâmes ! (*Suffoqué de douleur.*) Ah ! mon Dieu ! mon Dieu !

TABASCO, *à Georges.* Comment! vous hésitez! le plus sûr est ce qu'on tient ! Vite, emparez-vous de lui, garrottez-le ; et maintenant à l'œuvre, le trésor est à nous! (*Pendant qu'on se jette sur Arianiga, Henri paraît au fond. Il a entendu les derniers mots de Tabasco.*)

SCÈNE IX.

GALOUBET, FRANCINE, CLARISSE, GEORGES, HENRI, TABASCO, CARMEN, ARIANIGA.

HENRI. Pas encore, comte de Montalègre!

CARMEN. Henri ! c'est Henri !

HENRI. J'ai suivi vos traces, monsieur le comte, et vous ne toucherez pas à ce tombeau, je vous le défends !

GEORGES. Insolent !

HENRI. Infâme ! Ah ! vous croyez que je vous laisserai souiller votre nom de gentilhomme, et de vos propres mains égorger votre honneur ! Non, pas, car ce nom, Clarisse le porte, car cet honneur est le sien !... et j'aime Clarisse, entendez-vous, je l'aime !... (*Il se place entre Clarisse et Georges.*)

CARMEN. Il l'aime !

GEORGES, *avec un rire insensé.* Ah ! tu vas payer cher cet aveu !

HENRI, *avec un geste menaçant.* Oh! je suis armé, moi !

CLARISSE, *s'élançant entre Henri et Georges.* Arrêtez !... voyez, il n'est plus temps ! (*Pendant les répliques précédentes les rancaderos n'ont pas perdu de temps. Le tombeau s'est ouvert, et laisse échapper un flot de poudre d'or mêlé à des pépites éblouissantes.*)

TABASCO. Dieu puissant, il y a là des millions!

CLARISSE. Entre cet or et moi, monsieur le comte, choisissez.

GEORGES. Clarisse ! (*Il hésite, tourne lentement les yeux vers le tombeau, le rayonnement de l'or l'éblouit, il tressaille et pousse un cri sauvage.*) Ah! c'est de l'or, c'est bien de l'or ! (*Il se précipite et plonge les mains dans l'or.*)

CLARISSE. Il a choisi !

ACTE QUATRIÈME.

Cinquième Tableau.

LA TRIBU DES APACHES.

Rives agrestes de l'un des grands lacs de la Californie. Au fond, la nappe immense où se reflètent les montagnes. A droite et à gauche, des pins et des sycomores.

SCÈNE PREMIÈRE.

GEORGES, UN HOMME DE SA SUITE, *puis* HENRI.

GEORGES, *remettant des pistolets à José.* José, prenez ces armes et allez m'attendre ici près, derrière cet épais rideau de pins et de sycomores que vous avez remarqué en venant. Chut! J'entends des pas... On approche. (*Il remonte vivement et jette les yeux à gauche.*) C'est lui ! (*A José.*) Allez ! (*José s'éloigne par la droite, tandis que Henri entre par la gauche.*)

HENRI. Vous m'avez assigné un rendez-vous, monsieur le comte?

GEORGES. Oui, près du grand lac des sycomores, à mon retour de Sonoma.

HENRI. Nous y voici... Que voulez-vous de moi ?

GEORGES. Vous ne le devinez pas ?

HENRI. A peu près. — Cependant... expliquez-vous.

GEORGES. Eh bien ! je veux qu'un seul de nous, un seul, vous comprenez, sorte vivant de cette forêt.

HENRI. Ainsi, c'est un duel ?

GEORGES. Oui, un duel, mais inexorable et sans merci! Seulement, j'ai dix minutes pour vous tuer ou pour mourir. Ainsi, hâtons-nous... A quelques pas d'ici, nous trouverons des armes. Venez.

HENRI. J'ai un mot à vous dire auparavant, monsieur le comte.

GEORGES. Oh! je vous en supplie, point d'explication... Vous m'avez insulté, c'est bien... Vous avez fait de votre amour pour

Clarisse un de ces aveux qui, non-seulement brisent le cœur, mais qui frappent au visage. Je ne veux rien savoir de plus... Et pour peu que votre insolence ne soit pas doublée de lâcheté...

HENRI. Vous parlez de lâcheté, je crois... prenez garde... Lorsqu'un homme, ayant derrière lui vingt carabines et devant lui un malheureux qui ne pouvait se défendre, a profité des avantages de cette position pour crocheter un tombeau, il y a des mots qui conviennent mal à ses lèvres.

GEORGES, *levant sa carabine.* Encore des injures !... Mais ce n'est pas un duel que vous voulez... C'est une tuerie, ici, à bout portant !

HENRI. Je savais que vous me menaceriez, monsieur... C'est pour cela que je suis venu sans armes.

GEORGES, *posant brusquement sa carabine contre un arbre.* Voyons, qu'avez-vous à me dire ?

HENRI. Vous m'offrez un duel, je le refuse.

GEORGES. Vous le refusez ?... Ah ! j'oubliais... En effet, j'ai affaire à un savant... et les savants ne se battent pas... (*Avec violence.*) Mais il faut cependant que je me venge, monsieur le médecin Desroches !

HENRI. Vous aviez aussi à vous venger d'Arianiga, monsieur le comte de Montalègre. Pourquoi ne lui avez-vous pas proposé, comme à moi, un duel à mort ? Serait-ce que l'intérêt vous guide dans le choix de vos vengeances ? Dois-je supposer que si j'avais eu, comme Andrès, douze cents livres d'or cachées sous quelques pierres, ce n'est pas ma vie que vous auriez prise, mais mon trésor ?

GEORGES, *les dents serrées de rage.* A merveille !... Ainsi, vous refusez de vous battre ?

HENRI. Oui.

GEORGES. Vous refusez ?

HENRI. Oui, oui... Mais vous pouvez faire que je ne refuse plus !

GEORGE. Parlez donc alors, mais parlez donc !

HENRI. Je ne refuserai plus lorsque cette femme, au nom de qui vous prétendez me tuer, vous serez digne de la défendre ou de mourir pour elle ; je ne refuserai plus, lorsque cet honneur, le vôtre, au nom duquel vous venez, la menace aux lèvres, vous aurez lavé des souillures dont il est taché ; je ne refuserai plus, monsieur le comte, lorsque cet or, que vous allez partager avec vos compagnons, comme un chef de bande partage, le matin, avec ses complices, le butin de la nuit, vous l'aurez rendu à Arianiga, à cet homme dont vous avez fait un otage, et que vous traînez après vous. La liberté pour lui, pour vous le respect de vous-même et de Clarisse, et ensuite la mort pour moi, si vous voulez, car alors... oh ! alors, je me battrai !

GEORGES. (*Pendant ce que vient de dire Henri, la comtesse a paru, accompagnée de Francine ; elle a fait un signe à la jeune fille, qui s'est retirée, et Clarisse a descendu la scène, s'approchant de Georges et d'Henri.*) Je n'accepte pas de conditions... j'accepte encore moins des ordres.

SCÈNE II.
LES MÊMES, CLARISSE. *

CLARISSE. Et une prière, l'écouterez-vous ?

GEORGES. Clarisse !

CLARISSE. Oui, c'est moi, moi qui viens vous supplier et vous dire (*montrant Henri*) : Ce qu'il exige de vous, faites-le !

GEORGES. Que j'obéisse à cet homme, à votre amant ?

HENRI. Monsieur !

CLARISSE. Vous savez bien que je puis encore, malgré l'aveu d'Henri, lever un front tranquille et vous regarder en face !.. Eh bien, réfléchissez à ceci, Georges, que vous allez retourner en Europe, en France, dans ce monde où j'aimais à vous suivre, parce que vous y marchiez honorable et respecté... Oh ! j'admets tout ce que vous voudrez, que l'acte inouï, commis par vous dans ces déserts, y mourra ignoré, qu'il s'ensevelira dans l'oubli comme s'effaceront dès demain, dans cette forêt, la trace de vos pas... J'admets encore, s'il le faut, qu'intrépide à parcourir votre chemin jusqu'au bout, vous obtiendrez le silence des uns avec de l'or (*désignant Henri*), et celui des autres avec du sang... Mais moi qui sais, moi qui ai vu, moi qui vous poursuivrai de mon regard, de ma pâleur, de ma tendresse disparue, moi qui serai votre conscience et votre remords, pour me faire taire, me tuerez-vous aussi ?

GEORGES. Assez ! assez, Clarisse... Vous avez tort... Vous ne devez pas me juger selon les lois du monde... Andrès lui-même les connaît si peu que si j'eusse pris les devants, il m'aurait tué... Un crime ! dites-vous ! Mais dans ces déserts, en face de ces hommes indomptés, il n'y a pas de crimes,

---
* Henri, Clarisse, Georges.

il n'y a que des représailles et des conquêtes !

HENRI. Aujourd'hui, vous êtes en face de ces hommes, demain vous serez en face de vous-même, monsieur le comte.

CLARISSE. Georges! Georges! mais vous ne m'aimez donc plus?

GEORGES. Ne dites pas cela, Clarisse!... Oh! mon Dieu!... Mais je ne suis pas libre!... Mais les hommes de mon escorte, qui gardent le gambusino, me surveillent aussi, moi!

HENRI. Silence! voici deux de vos gens, monsieur le comte.

SCÈNE III.

LES MÊMES, TABASCO, KENTUCKI, GALOUBET. *

TABASCO. Pardon, senor, je viens vous dire que nous sommes résolus, moi et mes hommes, à ne pas poursuivre notre route du côté du placer.

GEORGES. Pourquoi cela?

TABASCO. Nous ne craignons pas les Indiens, puisque la vie du gambusino nous répond de toute tentative de ce côté-là; mais nous craignons les gratteurs d'or répandus dans le district des mines. Ce sont de braves gens, généralement peu scrupuleux pour eux-mêmes, mais qui se sentiront subitement saisis d'un violent enthousiasme pour les bons principes, sitôt que le bruit se répandra que nous ramenons dans nos sacoches pour plus de trois cent mille dollars de poudre d'or.

GEORGES. Eh bien?

TABASCO. Eh bien, senor, ils se hâteront de nous dépouiller, au nom de la justice et des bonnes mœurs.

GEORGES. Nous sommes vingt-sept hommes bien armés... nous nous défendrons.

TABASCO. Hélas! senor, trois cent mille dollars vont enthousiasmer plus de trois mille honnêtes gens! N'est-ce pas, Kentucki?

KENTUCKI. Ils en feront des héros!

GEORGES. Et quel est votre dessein?

TABASCO. Nous allons nous jeter à la côte par le chemin direct à travers la grande valée qui mène au port Diégo.

GEORGES. Ce n'est pas possible; d'ici à Diégo il n'y a que fondrières, précipices et torrents. Et madame la comtesse....

TABASCO. Madame la comtesse n'emportant rien avec elle qui soit de nature à exciter la

* Kentucky, Tabasco, Georges, Clarisse, Henry, Galoubet dans le fond.

prohité naturelle des gratteurs d'or, peut suivre tranquillement sa route jusqu'à Monterey... Nous lui laisserons huit hommes d'escorte.

GEORGES. Retirez-vous; je verrai, je réfléchirai.

TABASCO, bas à Kentucki. Tiens! il veut réfléchir.

KENTUCKI, même jeu. C'est tout vu et tout réfléchi. — A cheval!

TABASCO et KENTUCKI. Nous saluons vos seigneuries. (Ils se retirent par la gauche avec de grandes salutations.)

SCÈNE IV.

LES MÊMES, excepté TABASCO et KENTUCKI.

GEORGES. Vous le voyez, je suis au pouvoir de ces hommes!

GALOUBET, il s'approche vivement. Tellement en leur pouvoir, que Tabasco et ses aimables gredins ont déjà sellé leurs chevaux, qu'ils se disposent à partir, qu'ils parlent de vous planter là et d'emporter les sacoches, sans vous en demander permission!

GEORGES. Est-il vrai?

GALOUBET. Ah! c'est que la situation est grave, elle est très-grave la situation. On dit que Carmen, la sœur du gambusino, erre ici près, dans la forêt, avec des Indiens, oui, des Indiens! on en a vu, on en a vu!

HENRI. Croyez-moi, monsieur de Montalègre, allez vers Andrès, tendez-lui la main, rendez-lui la liberté, et dites-lui que, renonçant à son or, vous êtes prêt, s'il le faut, à vous tourner avec lui contre votre propre escorte. Je le connais, s'il accepte, tout est sauvé.

CLARISSE. Georges! Georges! que décidez-vous.

GEORGES, à part. Un million! Abandonner un million! — Mais vous, Clarisse, vous me rendrez votre amour. — Et vous, Henri... Henri! vous lui ferez vos adieux, vous ne la reverrez plus, vous me le jurez, et vous oublierez, vous oublierez tout!

HENRI. Tout, excepté une chose, (lui tendant la main) c'est que nos deux mains se sont unies.

GEORGES, lui pressant la main. Allons! vous le voulez! Eh bien! soit. Je cours vers Andrès, je lui offre la paix, je lui rends ses richesses, et si Tabasco résiste, malheur à lui! (Il reprend sa carabine et sort à pas précipités.)

GALOUBET, le suivant. Je m'en vais voir le coup de théâtre.

SCENE V.

HENRI, CLARISSE.

HENRI. Il a raison, l'heure des adieux est venue, Clarisse.

CLARISSE. Henri, je me souviendrai jusqu'à la mort, et par delà, peut-être !

HENRI. Clarisse ! je ne vous reverrai plus, mais je m'éloigne tranquille. Ces fatigues, c dangers, ces douleurs que je redoutais pour vous, ont glissé sur votre vie sans y laisser de blessures. — Dieu a démenti ma science ; vous voilà redevenue forte, vous voilà belle, non plus de votre pâleur, mais de votre jeunesse. — Quant à Georges, vous le voyez, nous l'avons sauvé de lui-même. Tout cela, c'est pour vous de l'avenir, du bonheur. Je sens que je deviens inutile à votre existence, et je m'en retourne.

CLARISSE. Mais, qui vous dit que vous n'occupez pas désormais une place dans ma vie, dans mon bonheur ? — Nous séparer !... Remettre encore entre vous et moi toute la moitié du monde ! — Mais alors... oh ! il eût mieux valu de pas nous revoir.

HENRI. Clarisse ! que dites-vous ?

CLARISSE, *elle passe à gauche.* Rien ; partez, oui, éloignez-vous... Que votre nom n'arrive plus jusqu'à moi. Je veux du repos, je veux enfin du calme et de l'oubli !

HENRI. De l'oubli ! Tout à l'heure vous me promettiez de vous souvenir.

CLARISSE. Non, ne le désirez pas !

HENRI. Clarisse !

CLARISSE. Je vous en conjure, si vous m'aimez...

HENRI. Si je vous aime !

CLARISSE. Henri ! — partez !

HENRI. Adieu donc ! et puisque vous le voulez ; — eh bien ! ne vous souvenez pas ! Adieu ! (*Il va pour sortir.*)

SCENE VI.

LES MÊMES, FRANCINE puis GALOUBET.

FRANCINE, *accourant éperdue.* Madame la comtesse ! Madame la comtesse !

CLARISSE. Pourquoi ce trouble ? Que viens-tu m'annoncer ?

FRANCINE. Il est parti !

HENRI. Vous dites ?

FRANCINE. Parti, vous dis-je, en emmenant Arianiga, parti avec ses sacoches, parti avec son infernal Tabasco.

CLARISSE. Mais Georges, Georges !

FRANCINE. Monsieur le comte ! — Mais je me tue de vous dire qu'il est parti !

CLARISSE. C'est impossible ! vous vous trompez... oh ! vous vous trompez.

GALOUBET, *arrivant à pas lents, tandis que débouchent, par le fond, à gauche, les hommes qui doivent former l'escorte de la Comtesse.* Cela n'est que trop vrai !

CLARISSE. Vrai !... vrai !

GALOUBET. Le coup de théâtre a manqué complétement !

HENRI, *à Clarisse.* Oh ! je vais, s'il en est temps encore...

GALOUBET, *l'arrêtant.* Ce serait tout à fait inutile, vous ne trouveriez plus personne. — Nos chevaux sellés nous attendent, et voici les hommes qui doivent composer notre escorte.

HENRI. Mais expliquerez-vous ?

GALOUBET. Oh ! c'est bien simple. — Quand le comte est arrivé, Tabasco et ses truands étaient en selle et allaient piquer des deux. On était en train de hisser Arianiga bien et dûment lié sur la mule grise, vous savez la mule grise. — Le comte a fait un pas vers lui, comme s'il eût voulu lui parler, et moi je me suis dit : voilà le grand jeu qui va commencer. — Mais en même temps qu'on mettait Andrès sur sa mule, on chargeait les sacoches sur la croupe des chevaux, et M. le comte qui les guignait s'est mis à les compter et il les a si bien comptées que tout à coup il a tourné le dos à Andrès, enfourché son cheval, donné le signal du départ, — et tout a disparu !

FRANCINE. Par exemple il faut lui rendre justice, il était pâle comme un mort.

CLARISSE. Parti ! — Ainsi, je suis seule ; ainsi, l'homme que j'ai suivi, fidèle à mon devoir, enchaînée à sa vie par des liens qu'il brisait et que je renouais toujours ; cet homme, lui, le lâche, il me donne enfin l'exemple de la fuite et de l'oubli !..

HENRI. Clarisse ! (*Carmen paraît au fond enveloppée dans les larges plis de son reboso.*)

CLARISSE. Monsieur Henri Desroches, je n'ai plus dans ces déserts d'autre protecteur que Dieu, et d'autre guide que vous. — Henri, je vous le dis à présent, je vous le dis devant tous et sans rougir, car je vous le dis en face de la mort peut-être qui nous attend ! — Henri, je suis libre et je vous aime !

CARMEN. Elle l'aime !

HENRI. Puissance du ciel ! ai-je bien entendu ! — Clarisse !

CLARISSE, *à Francine et à Galoubet.* Et vous, mes amis, jugez-moi dans votre cœur, et décidez si vous devez m'aimer ou me mépriser.

FRANCINE. Ah ! madame !

GALOUBET, *attendri.* Moi, je serais assez

gueux, assez scélérat... je... Allons donc!

CLARISSE. Partons, partons alors, pour Montérey, et que Dieu nous conduise!

FRANCINE, *en s'en allant, au bras de Galoubet.* Ma foi, par les balles qui pleuvent, et les Indiens qui courent, je ne serais pas surprise qu'un jour madame Clarisse ne s'appelât Desroches.

GALOUBET, *soupirant.* Francine! quand vous appellerez-vous Galoubet?

FRANCINE. Imbécile! le nom ne fait rien à la chose. (*Ils sortent à la suite d'Henri, de Clarisse, et des hommes d'escorte.*)

SCENE VII.

CARMEN, LES INDIENS *de la tribu des Apaches.*

CARMEN. Elle l'aime!.. (*Les Indiens paraissent, rampant hors des buissons, se dressant du sein des lianes touffues, et viennent se grouper silencieusement autour de Carmen. Celle-ci se retourne vers eux, impérieuse et brusque.*) Ecoutez! Je vous ai transmis les ordres du maître. L'heure est venue. Allez, obéissez. (*Les Indiens poussent une clameur sauvage, agitent leurs arcs et leurs carabines, et s'élancent du côté par où viennent de disparaître Clarisse et son escorte.*) Elle l'aime! Elle est à lui! (*Avec un geste menaçant.*) Hâtez-vous d'épuiser votre bonheur. Oui, hâtez-vous. Andrès n'est pas si bien gardé que je n'aie pu me glisser jusqu'à lui. Andrès m'a parlé, — et c'est par les mille blessures de mon âme saignante que je l'ai entendu! Infâme ou innocent, a-t-il dit, qu'importe? Andrès a raison, toute cette race est coupable, car tous ils sont venus, ces pâles enfants des villes, les uns pour ouvrir nos sépulcres, les autres pour déchirer nos cœurs. Tout ce qui a fait bondir nos colères ou couler nos larmes, c'est à eux que nous le devons! — Qu'ils s'appellent Desroches ou Montalègre, que leurs coups aient été involontaires ou leur outrage médité, n'importe, n'importe, ils sont nos bourreaux! Andrès a dit vrai. — Oui, oui, il faut qu'il se venge et que je me venge avec lui. (*On entend une rumeur.*) Ah! c'est lui, c'est Henri!

SCENE VIII.

CARMEN, HENRI, LES INDIENS.

HENRI, *ramené au milieu des Apaches.* Carmen! vous ici! Est-ce donc par vos ordres que ces Indiens ont attaqué notre escorte, l'ont dispersée, m'ont séparé de la comtesse! Prenez-y garde! la vie de votre frère nous répond de celle de Clarisse, n'oubliez point qu'Andrès est au pouvoir de Montalègre et quand le comte saura...

CARMEN. Le comte ne saura rien. — Les hommes de votre escorte sont des traîtres à qui j'ai fait donner de l'or. Vous le voyez, ils se sont enfuis sans vous défendre. Eh bien, ils retourneront auprès du comte, et ils mentiront.

HENRI. Mais Clarisse, Clarisse que vous avez arrachée de ces bras qui seuls la défendaient encore, où est-elle? où l'avez-vous entraînée?

CARMEN. La femme dont tu parles sera demain sous la protection d'Arianiga, car demain, Arianiga sera libre!

HENRI. Que dit-elle? — Mon Dieu! — Et ne pouvoir m'échapper! Ah! écoutez-moi, Carmen, vous êtes jeune, vous êtes belle, vous êtes femme, vous aurez pitié de Clarisse. — Clarisse, vous le savez, n'est pas coupable.

CARMEN. Elle t'aime.

HENRI. Eh bien! est-ce là un crime?

CARMEN, *secouant la tête.* Non, c'est un malheur... c'est un malheur de t'aimer.

HENRI. Carmen, je ne vous comprends pas!

CARMEN. Sans doute, car depuis que je te parle, c'est à peine si tu m'as regardée.

HENRI. Que vois-je?... Des larmes!

CARMEN. Ces larmes coulent depuis longtemps; mais sois tranquille, elles vont bientôt tarir.

HENRI. Et pourquoi pleurez-vous?

CARMEN. Pourquoi?... pourquoi!... Je ne connais pas le langage des femmes civilisées. Peut-être vais-je te dire des paroles qu'elles ne diraient pas, elles. Mais la Sainte-Vierge, en qui je crois, me pardonnera. Ecoute. Il y a un an, tu m'es apparu, tu m'as pris la main, et, m'ayant demandé mon nom, tu me dis: Souvenez-vous de moi, Carmen, car votre image habitera désormais mon souvenir... Puis, comme tu partais: Au revoir, Carmen, me dis-tu; au revoir, car je reviendrai... Je me suis donc souvenue, et, depuis ce jour, je n'ai pas cessé de t'attendre... et à mesure qu'un jour s'écoulait, il me semblait qu'une des étoiles du ciel s'éteignait et mourait.

HENRI. Carmen!

CARMEN. C'est ainsi que la nuit s'est faite dans mon cœur... Mais, au sein de ces ténèbres, une lumière survivait... Ton nom! une espérance me restait: te revoir!... Toute mon âme, toute ma vie, se réfugia dans un souvenir, dans une promesse, et, de même que l'horizon grandit à mesure qu'il s'éloigne, à mesure que le temps s'écoulait, tu prenais plus de place dans ma pensée... tu t'emparais davantage de mes souhaits et de mes rêves; tu remplis à la fin ma solitude, et si bien, qu'entre moi et toutes choses, les plus belles comme les plus saintes, entre moi et les fleurs, entre moi et le ciel, entre moi et Dieu, il n'y eut plus que toi... toi partout!.. toi toujours!...

HENRI. Carmen, il se pourrait!... Oh! mais, alors, tes larmes, tes douleurs, toutes ces angoisses de la tendresse méconnue et de l'amour ignoré, je les comprends, je les devine, moi, moi à qui le ciel réservait d'infliger à ton âme ces mêmes tortures dont j'ai failli mourir... Carmen, pardonne-moi... mais j'aime aussi, j'aime de toute l'énergie de mon cœur, et tu ne sais pas...

CARMEN. Je sais tout... Il n'y a plus d'espoir, plus de bonheur pour moi, plus de rêve... Je le sais, je le sais!...

HENRI. Oh! pardonne à Clarisse, pardonne-lui, Carmen... Hélas! elle n'a plus au monde que moi pour la défendre, pour la protéger...

CARMEN. La protéger? la défendre? Et contre qui? contre mon frère?

HENRI. Mon Dieu!

CARMEN. Et tu crois que je m'en irais te lancer comme une vengeance après le bonheur d'Arianiga!... Je permettrais que du même coup tu brisasses nos deux cœurs!... Non... c'est assez du mien. (*Les Indiens, groupés au fond de la scène, se sont insensiblement rapprochés. Henri les regarde et tressaille.*)

HENRI. Carmen! quel est ton dessein, ta pensée?... Parle.

CARMEN. Il est des destinées fatales... arrêts de Dieu qu'on ne doit pas sonder. Tu es une ombre devant le soleil d'Arianiga... il faut que tu meures... (*Les Indiens se rapprochent encore.*) Rival heureux de mon frère, tu es aimé de cette femme que j'exècre et qui me tue, il faut que tu meures... Tu aimes, et j'aime aussi : deux amours inexorables, éternels... Il faut que tu meures... Et moi, qui ne vivais que de ta vie, eh bien! je mourrai de ta mort!... (*Les Indiens s'emparent d'Henri, qui s'échappe et vient tomber aux pieds de Carmen.*)

HENRI. Non, tu ne feras pas cela, Carmen. Carmen! Je suis à tes genoux... je te parle au nom de cette tendresse que tu m'as vouée, au nom de cette Vierge que tu pries, au nom de ta mère, dont moi et Clarisse nous avons défendu le tombeau : Carmen, accorde-moi la vie... cette vie qu'hier encore j'aurais jouée sur un mot, sur un signe, sur un caprice, cette vie, je la veux, je l'implore... Il me la faut! il me la faut!...

CARMEN. Pour elle, n'est-ce pas?... pour Clarisse?

HENRI. Carmen!

CARMEN. Mais tu vois donc bien qu'il faut que tu meures, et que je meure avec toi... (*Pendant que les Indiens entraînent Henri.*) Au revoir! au revoir! c'est le mot qui a brillé sur ma vie!... Au revoir donc, Henri... dans le tombeau!... (*Henri est au milieu des Indiens, la hache levée sur sa tête, et Carmen a tiré un poignard, prête à s'en frapper. Le rideau tombe.*)

ACTE CINQUIÈME.

Sixième Tableau.
LA FIÈVRE DE L'OR.

Un site sauvage formé de précipices et de rochers à pic. Sur le devant du théâtre, un wigwam, espèce de hutte indienne fermée de bambous grossièrement assemblés; des nattes enduites de terre végétale où s'agrippent quelques rares festons de lianes en forment le toit et les parois. Elle occupe les deux tiers de la scène, de droite à gauche, et s'ouvre latéralement sur un sentier praticable qu'on voit monter et se perdre derrière la crête d'un rocher. Au fond, l'un des pans éboulés laisse voir la gueule d'un précipice, sur la marge duquel rampe un autre sentier plus étroit, plus difficile que le premier; mais néanmoins praticable. A l'intérieur, des pierres servant de siège, un tronc d'arbre renversé, servant de table; et dans le coin, au premier plan à droite, une natte étendue sur laquelle est couché le gambusino.

SCÈNE PREMIÈRE.
GEORGES, TABASCO, KENTUCKI, ARIANIGA, *garrotté*.

(*Les hommes de l'escorte sont en dehors de la hutte, couchés dans leurs manteaux et pittoresquement étagés sur le sentier.*)

GEORGES. J'ai promis le tiers pour vous et votre bande... Tout a été pesé et calculé... Nous avons huit sacoches, contenant chacune cent livres d'or. J'ai fait le compte... il vous revient pour votre part quatre mille deux cent soixante-six onces.

KENTUCKI. Voilà pour les parts; mais le prix du travail est en dehors.

GEORGES. Hein! qu'est-ce à dire?

TABASCO. Sans doute, noble seigneur... Vous êtes trop juste pour ne pas considérer que nous sommes vos associés... Nous avons eu de plus le précieux honneur de vous servir d'escorte, à vous et à madame la comtesse, depuis le placer jusqu'à Sonoma, et de Sonoma jusqu'au lac des Sycomores... En outre, nous avons accompagné votre seigneurie depuis cette lagune jusqu'ici, au wigwam des Palmiers, qui n'est plus qu'à une journée de marche de la côte de Diégo. Nous remercions le ciel, seigneur Georges, qui a permis qu'à force de peines et de fatigues nous ayons eu le bonheur de vous amener ici sain et sauf... Mais au moins, noble comte, après nous avoir satisfaits comme associés, payez-nous comme gens d'escorte et veuillez nous traiter en vaillants compagnons.

GEORGES, à part. Ils deviennent avec moi d'une politesse qui m'épouvante. (Haut.) Allons, parlez, que vous faut-il? que demandez-vous?

KENTUCKI. Nous demandons quatre onces d'or par jour, pour chaque homme.

GEORGES. Quatre onces!

TABASCO, tirant ses tablettes. C'est pour rien... et nous sommes vingt-sept, car il ne faut pas que les huit caballeros que nous avons détachés de la troupe pour la plus grande sécurité de la senora de Montalègre, perdent le bénéfice de votre munificence... Nous disons donc vingt-sept hommes, à quatre onces par jour, pendant dix-sept jours et dix-sept nuits... Je compte naturellement les nuits, attendu que le péril et les fatigues ont été de toutes les heures et de tous les instants, et je trouve trente-quatre fois quatre onces, multipliés par vingt-sept, ce qui nous fait trois mille six cent soixante-douze onces.

GEORGES. Comment! ce tiers qu'il était convenu que je vous donnerais, s'élèverait ainsi jusqu'à la moitié?

KENTUCKI. Maintenant, nous avons les vivres et l'entretien.

GEORGES. Encore! mais c'est un meurtre, un assassinat!

TABASCO. Un meurtre! un assassinat! Ah! seigneur, ne dites donc pas de ces vilains mots, cela fait crier les corbeaux qui tournoient là-bas, au fond du ravin.

GEORGES, à part. Je frissonne. (Haut.) Finissons-en.*

TABASCO. C'est cela, finissons-en... Par exemple, tout ce qui est vêtement et subsistance, dans cette maudite Californie, est hors de prix... Quand on pense qu'une livre de tasajo coûte dix piastres, qu'une tasse de café, à Monterey, vaut un dollar, et qu'on n'a pas une aune de cotonnade à moins de trente piastres, ni un manteau de laine à moins de cent... Tout cela vous augmente bien les frais d'une expédition, surtout que ces honnêtes gentlemen, ayant passé par des fourrés d'épines, rampé sur les pentes des rochers, traversé des marais, ont légèrement compromis l'économie de leur toilette, et qu'ils ne pourront pas rentrer à San-Francisco sans se faire quelque peu nettoyer et remettre à neuf.

GEORGES. Allons, assez de verbiage... Combien espérez-vous encore me voler?

KENTUCKI. Hein! qu'est-ce qu'il a dit?

TABASCO, tempérant l'Américain. Laissez... Vous avez affaire à d'honnêtes gens, monsieur le comte, qui ont tous quitté, pour vous suivre, des positions honorables... Moi qui vous parle, je suis un caporal déserteur de la garnison de Mexico, et le yankee que voilà est de New-London, dans le Missouri, où il exerçait la profession des belles-lettres.

GEORGES, remontant au fond. C'est bien... j'ajoute mille dollars, mais c'est pour en finir... et maintenant, en route pour le port Diego.

KENTUCKI. Et la sieste?

TABASCO. C'est juste, voici l'heure de la sieste, et vous savez qu'un Mexicain, s'agit-il de sa vie, ne sacrifierait pas une minute de ce repos sacré. (Il passe à droite et pousse du pied Arianiga.) Tenez, regardez le gambusino, le voilà déjà plongé dans les béatitudes du sommeil. (Plus bas.) A propos, seigneur comte, que ferons-nous bien de ce prisonnier?

GEORGES.* Mais, puisque j'ai appris ce matin que la comtesse était arrivée saine et sauve à Monterey, aussitôt que nous aurons atteint la côte de Diégo, je rendrai la liberté à cet homme.

TABASCO. Comment, comment! pour qu'il s'en aille clabauder à droite et à gauche, et nous fasse une réputation détestable! Croyez-moi, seigneur Georges, pour s'assurer qu'une bouche ne parlera pas, il n'est rien de tel que de lui appliquer sur les lèvres le cachet de l'éternité.

KENTUCKI, se dandinant. Tabasco dit vrai, senor; nous sommes ici dans un pays perdu, où un cadavre, avant d'être découvert, a le temps de passer tout entier, molécule par molécule, dans le calice des fleurs et dans les jeunes pousses des palmiers.

TABASCO, avec une tape amicale. Est-il donc poëte que diable d'Américain.

GEORGES, à part. Ils me font horreur! Moi-même n'ai-je pas tout à craindre de ces lâches coquins? Mes pistolets sont restés dans les fontes de ma selle. Je vais les chercher. (Il sort par la gauche.)

SCÈNE II.

TABASCO, KENTUCKI, ARIANIGA.

KENTUCKI. Ah çà! est-ce que nous allons, pendant la sieste, le laisser ici avec les sacoches?

TABASCO, riant. Ah! ah! ta crainte m'amuse. Seize cents livres d'or, cela ne se met

---

* Kentucky, Tabasco, Georges, Arianiga.

* Georges, Tabasco, Kentucky, Arianiga.

pas dans la poche ; et puis, d'ailleurs, là au fond un précipice à pic sans issue, et ici en dehors, nous tous couchés autour du wigwam.

KENTUCKI. C'est égal, je crois que nous aurons bien de la peine à régler avec cet homme ; il est d'une vivacité... il est même brutal, et la détente d'un pistolet est si vite lâchée !

TABASCO. Bah ! avant qu'il nous ait tués tous...

KENTUCKI. Sans doute ; mais ceux à qui ce diable d'homme aura donné la préférence n'en seront pas moins morts... Et voilà des sacs qui me donnent une furieuse envie de vivre... (*Il se tourne vers les sacoches qui sont rangées sur une saillie de roc tout près de l'abîme.*)

TABASCO. Rassure-toi, Kentucki, j'ai pris mes petites précautions...

KENTUCKI, *se rapprochant.* Bah !

TABASCO. Oui, j'ai profité de quelques secondes, pendant lesquelles il s'était assoupi ce matin, pour extraire délicatement les balles de sa carabine et de ses pistolets.

KENTUCKI. Oh ! viva !

ARIANIGA, *à part, en se soulevant un peu.* Georges désarmé ! Les coquins m'ont servi sans le savoir !

SCÈNE III.
TABASCO, KENTUCKI, GEORGES, ARIANIGA.

GEORGES, *ses pistolets à la ceinture.* Voyons, j'ai besoin de repos : qu'on me laisse !

TABASCO. Oui, señor. (*A Kentucki.*) Entends-tu comme ils croassent, les corbeaux du ravin ?

KENTUCKI. Que diable disent-ils donc, les corbeaux ?

TABASCO. Que sais-je ! Ils crient la faim, peut-être. (*Ils se retirent en saluant profondément le comte.*)

SCÈNE IV.
GEORGES, ARIANIGA.

GEORGES. J'ai de vagues terreurs... Depuis hier tout est sinistre chez ces hommes, jusqu'à leur sourire, jusqu'à leur silence.

ARIANIGA, *soulevant la tête hors de son manteau.* Ils vont se reposer une heure. Si tu ne profites pas de cette heure pour t'enfuir, tu es perdu.

GEORGES. Ah ! le seigneur Andrès ne dort pas ! Et qui me dit que tu n'es pas avec eux dans le complot ?

ARIANIGA. Si cela était, je n'aurais certes pas interrompu mon sommeil pour te dire : Prends garde !

GEORGES. Au reste, je puis te rendre avis pour avis. Ils parlent, mais là très-sérieusement, de se défaire de toi ; et je les connais ; ils le feront comme ils le disent.

ARIANIGA. Je le sais, mais tu me défendras, je suppose.

GEORGES. Vous voulez rire... Est-ce que j'ai à défendre un homme qui avait juré mon déshonneur et ma mort ? Certes, je n'ai pas cherché la guerre, c'est vous qui me l'avez déclarée, seigneur Andrès ; je n'ai fait qu'accepter votre défi ; tant pis pour vous si la fortune vous a été contraire.

ARIANIGA. Réfléchis pourtant à ceci, Montalègre : si l'on me tue, les Apaches, qui occupent la grande forêt que baigne le lac des Sycomores, tu sais, le lac près duquel tu as laissé ta femme, et ils peuvent très-bien s'être emparé de la comtesse, afin d'avoir un otage qui valût le tien ; cela est tout à fait dans les choses probables... Eh bien ! les Apaches, moi tué, ne reculeront pas devant de terribles représailles.

GEORGES. Je suis tranquille. Clarisse est parvenue heureusement à Monterey ; j'en ai reçu l'avis par l'un des hommes de son escorte qui a remonté la côte et qui nous a rejoints cette nuit.

ARIANIGA. Ah ! (*A part.*) L'or que j'ai ordonné de répandre a fait dire à cet homme ce que je voulais qu'il dît. (*Haut.*) Ainsi, seigneur comte, je le vois, tu n'as plus à songer qu'à ta propre sûreté.

GEORGES. Ma sûreté ! Eh ! non, ce n'est pas ma vie qu'ils veulent ; c'est mon or, que je leur abandonne cet or et je suis sauvé.

ARIANIGA. C'est vrai. (*Il rit.*) Il serait plaisant, toutefois, que monsieur le comte de Montalègre eût pris la peine de commettre tant d'actions lâches et infâmes pour la simple satisfaction de gorger d'or une vingtaine de bandits.

GEORGES. Je saurais défendre ce qui m'appartient.

ARIANIGA. Une lutte !... Eh ! mon cher comte, vous aurez la gloire d'en tuer un, d'en tuer deux... et ce sera tout...

GEORGES. Alors je prendrai un parti, je ferai un sacrifice ; cet or qui m'a perdu, cet or, qui a égaré ma raison... eh bien, qu'ils s'en emparent !

ARIANIGA. Très-bien ! ce que tu n'as pas daigné faire pour Clarisse, tu le feras pour sauver ta vie.

GEORGES. Ma vie ! songe donc à la tienne, Andrès. (*Après avoir un peu rêvé.*) Au fait, écoute-moi. Ce n'est pas sans un secret espoir que tu m'as ouvert les yeux sur le sort qui me menace. Nous courons l'un et l'autre un danger... moi, d'être volé, dépouillé, toi, de mourir. Tu as compris qu'un intérêt commun pouvait un instant nous faire oublier, à l'un, les menaces et le défi, à l'autre, la vengeance, et c'est pour cela que tu m'as parlé. — Tu as dû parcourir en tout sens cette contrée sauvage, tu connais les mystères de ces abîmes; si tu étais libre, tu échapperais sans peine à tes assassins... je t'ai deviné... Eh bien, parle !... Y a-t-il une issue, un moyen de fuir à couvert de leurs poursuites ?... Réponds, je dénoue tes liens, et je partage avec toi tes chances de salut.

ARIANIGA. Ah! le seigneur comte a déjà changé d'idée... et cet or qu'il voulait abandonner tout à l'heure...

GEORGES. Andrès, ne perdons pas à de vaines insultes un temps que nous pouvons mieux employer... Oui, ou non, peux-tu leur échapper ?

ARIANIGA. Je le peux.

GEORGES. Par où ?

ARIANIGA. Rien pour rien, Montalègre... Tu veux le salut, donne-moi la liberté.

GEORGES, *après un moment de réflexion*. Et, à ton tour, me donnes-tu ta parole qu'une fois libre tu oublieras ta haine, et que cette vie que je te rends, tu ne l'emploieras pas à me trahir ?

ARIANIGA. Je te la donne.

GEORGES. Je te connais, cette parole me suffit. (*Il le délie.*) Et maintenant, parle.

ARIANIGA, *se levant et montrant le fond de la scène*. Tu vois ce ravin.

GEORGES. Oui, un creux profond, sans issue, et en face la montagne à pic.

ARIANIGA. Aperçois-tu, là bas, tout au fond, cette pierre grisâtre, large et plate, entourée de broussailles ?

GEORGES. Eh bien ?

ARIANIGA. Cette pierre, facile à soulever, ferme l'entrée d'une galerie creusée sous le roc, et qui traverse la montagne en ligne directe.

GEORGES. Tu en es sûr ?

ARIANIGA. Arianiga n'a jamais menti. Ce souterrain, dont l'origine remonte aux grandes guerres de la Conquête, m'a plus d'une fois sauvé de la poursuite des rôdeurs. Il n'y a pas deux ans que je l'ai découvert, et j'ai mis plusieurs mois à le déblayer.

GEORGES. Alors à l'œuvre!... jetons d'abord les sacoches.

ARIANIGA, *tristement, tandis que Georges jette l'une après l'autre les sacoches dans le ravin*. Elles sont lourdes ! car vous n'avez rien laissé là-bas, au tombeau... Vous avez tout pris, tout, et dans votre hâte furieuse, vous avez dû mêler à cet or un peu des cendres de ma mère !

GEORGES. Eh voilà six, vite les autres !

ARIANIGA, *avec un éclair sinistre*. Et la part de ces hommes ?

GEORGES. La part de ces assassins !

ARIANIGA. Ils la méritent au même titre que toi. Ne sont ils pas tes complices ?

GEORGES. Eux ? ils ont voulu me voler !

ARIANIGA. Et tu les voles à ton tour !

GEORGES, *jetant la dernière sacoche*. Tais-toi.

ARIANIGA, *éclatant et terrible*. Que je me taise !

GEORGES. Tu m'as donné ta parole, et d'ailleurs, je suis armé !

ARIANIGA. T'aider à ajouter un crime à tes crimes !... Je ne t'ai pas promis cela, Montalègre !

GEORGES. Tu le feras, cependant, car ta vie m'appartient...

ARIANIGA. Et la tienne ! et si j'appelle Tabasco, et si je lui crie : Courez sus à ce voleur !

GEORGES, *armant ses pistolets*. Non, tu ne feras pas cela !

ARIANIGA. Je ne ferai pas cela ! mais ne vois-tu pas que maintenant tu es ma rançon, et que je n'ai qu'à te livrer pour sauver ma vie !... Ah ! je ne ferai pas cela ! (*Appelant.*) Tabasco ! Tabasco !

GEORGES. Misérable ! (*Il décharge ses pistolets sur Arianiga, qui chancelle et tombe près de la porte du wigwam. Il disparaît dans le ravin.*)

SCENE V.
ANDRÈS, puis TABASCO, KENTUCKI, LES RASCADORES.

ANDRÈS, *se relevant en riant*. Ah ! ah ! ah ! aussi stupide qu'infâme !... Tabasco avait dit vrai, point de balles ! Et je suis debout, et avec moi la haine, avec moi la vengeance et le châtiment ! (*Il s'élance en dehors, sur le petit sentier qui côtoie la crête de l'abîme, et plonge ses regards au loin dans la direction des montagnes.*)

TABASCO, *entrant vivement avec les siens*. Des coups de fusil ! Qui a-t-on massacré par ici ? Ciel ! le comte disparu !

KENTUCKI. Et il n'y a plus de sacoches !

TABASCO. Caramba !

ARIANIGA, *dans le fond, l'œil toujours fixé sur les hauteurs*. Ah ! ils arrivent, ils arrivent ! Les voilà enfin, mes Indiens indomptés, et celle qu'ils amènent ici, c'est Clarisse ! c'est ma proie !

TABASCO, *l'apercevant*. Andrès ! où est le comte ? où sont les sacoches, où sont-elles ? Réponds, ou je te tue !

ARIANIGA, *sans l'écouter*. Ils approchent, j'entends frémir dans les herbes les pieds de leurs chevaux !

TABASCO, *le couchant en joue*. Parleras-tu, à la fin ?

ARIANIGA. Vous voulez savoir où il est ? Il est là, dans ce ravin, près de son or et du vôtre, qu'il essaie d'emporter... Vous arriverez à temps, et vous le tuerez, n'est-ce pas? vous le tuerez! Mais pas du premier coup, je vous en prie; j'ai besoin que ses yeux, avant de se fermer pour jamais, voient le supplice qui l'attend!

TABASCO. En chasse, compagnons, en chasse!

ARIANIGA. Oui, c'est cela, en chasse! Et faites en sorte de me le rabattre par ici. (*Les rascadores s'élancent dans le ravin, et Arianiga, rentré dans le wigwam, court au seuil de la porte.*) C'est bien elle! c'est bien elle! Ah! cette minute, l'ai-je attendue longtemps!... Arrivez, mes fidèles, arrivez donc!

SCÈNE VI.

CLARISSE, ARIANIGA, GEORGES.

Aussitôt que les rascadores ont disparu, on voit les Indiens arriver par le sentier de gauche, portant Clarisse dans leurs bras. Ils viennent la déposer dans la hutte.

ARIANIGA. Qu'on me laisse! (*Les Indiens se retirent et se groupent, toujours visibles au spectateur, en dehors du wigwam.*)

CLARISSE, *revenant à elle, et apercevant Arianiga.* Andrès!... Georges! Georges! Où est-il?

ARIANIGA. Madame, avez-vous aperçu, le long des ravins et jusque dans la plaine, de petites éminences surmontées d'une croix?

CLARISSE. Je vous demande où est Georges?

ARIANAGA. Madame, ce sont des tombeaux, et chacune de ces tombes isolées recouvre une vengeance ou un châtiment, toujours un mystère... Un Européen débarque, vient au placer, s'enrichit et disparaît. Personne ne s'en inquiète... Ils se volent ainsi et s'assassinent tous jusqu'au dernier. Aujourd'hui l'un, demain l'autre... Aujourd'hui, c'est le tour de Georges.

CLARISSE. Georges! Qu'avez-vous dit? Ah! s'il en est temps encore! (*On entend un coup de feu dans le ravin.*)

ARIANIGA. Il n'est plus temps, madame... Tenez, la chasse commence!

CLARISSE. Andrès, je suis à vos pieds; grâce! grâce pour Georges!

ARIANIGA. Georges a volé, et ceux qu'il a volés le tuent. Je n'y puis rien. (*Second coup de feu.*)

CLARISSE. Ah!

GEORGES, *qu'on ne voit pas encore.* Ah! à moi! au secours!.. au secours!

CLARISSE, *voulant s'élancer vers le ravin.* Georges!

ARIANIGA, *la retenant.* Restez, madame, il a violé ma mère sur le lit sacré de la mort; il faut qu'en expirant il vous voie, vous vivante, dans mes bras!

GEORGES *paraît, blessé à mort, les mains crispées au bord du ravin.* Ah! Clarisse!... Arianiga!... une arme! un poignard!

ARIANIGA. Une arme! un poignard! C'est ce que je demandais aussi, moi, là-bas, à Sonoma!

GEORGES, *essayant de prendre sa carabine.* Attends! Clarisse!

ARIANIGA. Clarisse est à moi!

GEORGES. Et je meurs!... Ah! je suis maudit. (*Il tombe dans le ravin.*)

CLARISSE, *à genoux, écrasée d'horreur.* Ah! mort! mort!

ARIANIGA. Et maintenant, Clarisse, deux mille lieues sont entre vous et la France; vous n'avez plus au monde d'autre ami que moi, d'autre bras que mon bras, d'autre cœur que mon cœur... et je vous aime! (*On aperçoit Henri et Carmen arriver par le haut du sentier de gauche.*)

CLARISSE, *se levant effrayée.* Ah! qui me sauvera de cet homme!

ARIANIGA. Personne! Georges est mort. Henri est mort. Personne, personne, vous dis-je!

SCÈNE VII.

CLARISSE, HENRI, CARMEN, ARIANIGA.

CARMEN, *apparaissant.* Andrès!

ARIANIGA. Carmen!

CARMEN. Andrès! j'ai pardonné. (*Henri passe et s'élance vers Clarisse.*)

ARIANIGA. Henri! vivant!

CARMEN. Andrès! quand j'ai vu la hache briller sur sa tête, j'ai senti mon cœur se briser.

ARIANIGA. Carmen, Carmen! qu'avez-vous fait?

CARMEN, *à demi-voix et avec ferveur.* Pardonne aussi, mon frère. Vois-tu, ils ne sauraient nous aimer, eux. Leur langue n'est pas la nôtre. Crois-moi, retournons dans nos solitudes. Tu leur dois tes larmes. Eh bien! eux, qu'ils s'en aillent; oui, qu'ils s'en aillent, en te devant leur félicité.

ARIANIGA, *passant la main sur son front.* Noble et douce enfant!... Oui, tu as raison, ils ne peuvent ni nous entendre ni nous aimer... A eux les villes... à nous le désert! Viens, viens, ma sœur!

CLARISSE. Carmen!

HENRI. Arianiga!

ARIANIGA. Clarisse... adieu! Viens, Carmen, viens, j'ai besoin d'air et de liberté!

FIN.

Imprimerie Dondey-Dupré, rue Saint-Louis, 46, au Marais

MARGUERITE FORTIER, idem.
MARGUERITE, vaud. en 3 actes, par Mᵐᵉ Ancelot.
MATHIAS L'INVALIDE, com.-vaudeville 2 actes.
MADAME ET MONSIEUR PINCHON, vaud. 1 acte.
MARCEL, drame en 5 actes.
LA MAITRESSE DE LANGUES, vaudeville en 4 actes.
LA MARQUISE DE SENNETERRE, comédie 3 actes.
MATHILDE ou la Jalousie, comédie-vaud. 2 actes.
MONSIEUR ET MADAME GALOCHARD, vaud. 1 acte.
LES MILLE ET UNE NUITS, féerie 3 actes 16 tabl.
MURAT, drame en 5 actes et 16 tableaux.
LE MARI DE LA DAME DE CHŒURS, vaud. 2 actes.
LA MARQUISE DE PRÉTINTAILLE, vaud. 1 acte.
NAPOLÉON BONAPARTE, drame en 6 actes, par Alex. Dumas.
LE NAUFRAGE DE LA MÉDUSE, drame en 5 actes.
LA NONNE SANGLANTE, idem.
L'OFFICIER BLEU, drame en 5 actes.
LES ORPHELINS D'ANVERS, idem.
L'OUVRIER, drame en 5 actes, par Fréd. Soulié.
PAUL JONES, drame 5 actes, par Alex. Dumas.
PAUL ET VIRGINIE, drame en 5 actes.
PARIS LA NUIT, idem.
PAMÉLA GIRAUD, drame en 5 actes, par Balzac.
LE PAYSAN DES ALPES, drame en 5 actes.
PAUVRE MÈRE, idem.
PAUVRE FILLE, idem.
PARIS LE BOHÉMIEN, idem.
PASCAL ET CHAMBORD, com.-vaud. en 2 actes.
LA PLAINE DE GRENELLE, drame en 5 actes.
LA PENSIONNAIRE MARIÉE, vaud. en 2 a. Scribe.
LE PERRUQUIER DE L'EMPEREUR, drame en 5 act.
PIERRE LEROUGE, com.-vaud. en 2 actes.
LES PILULES DU DIABLE, féerie en 18 tableaux.
LES PETITES MISÈRES DE LA VIE HUMAINE, vaudeville en 1 acte.

LE PRINCE EUGÈNE ET L'IMPÉRATRICE JOSÉPHINE, drame en 10 tableaux.
LES PRUSSIENS EN LORRAINE, drame en 5 act.
LE PROSCRIT, drame en 5 a., par Fréd. Soulié.
LA PLAINE DE GRENELLE, idem.
QUI SE RESSEMBLE SE GÊNE, vaudev. en 1 acte.
QUAND L'AMOUR S'EN VA, vaudev. en 1 acte.
RENAUDIN DE CAEN, comédie en 2 actes.
RICHE ET PAUVRE, drame en 5 actes, par Émile Souvestre.
RITA L'ESPAGNOLE, drame en 5 actes.
ROMÉO ET JULIETTE, par Frédéric Soulié.
SANS NOM, folie-vaudeville en 1 acte.
LA SALPÊTRIÈRE, drame en 5 actes.
LES SEPT CHATEAUX DU DIABLE, féerie en 5 act.
LA SOEUR DU MULETIER, drame en 5 actes, par Bouchardy.
LES SEPT ENFANTS DE LARA, drame en 5 actes.
STELLA, ou la Forteresse du Mont des Géants, drame en 5 actes.
LA SONNETTE DE NUIT, folie vaudev. en 1 acte.
LA TACHE DE SANG, drame en 3 actes.
LA TRAITE DES NOIRS, drame en 5 actes.
LE TREMBLEMENT DE TERRE DE LA MARTINIQUE, drame en 5 actes.
LA TIRELIRE, vaudeville en 1 acte.
THOMAS MAUREVERT, idem.
UN CHANGEMENT DE MAIN, comédie en 2 actes.
UN MARIAGE SOUS LOUIS XV, comédie en 3 actes, par Alex. Dumas.
UNE PASSION, vaudeville en 1 acte.
UNE VISION DU TASSE, monologue en 1 a. en vers.
VAUTRIN, drame en 5 actes, par Balzac.
LA VÉNITIENNE, drame en 5 actes.
LA VOISIN, drame en 3 actes.
LA VIE DE NAPOLÉON, récit en un acte.

CHEFS-D'ŒUVRE DU THÉATRE FRANÇAIS, A 25 CENTIMES.

ATHALIE, tragédie en 5 actes.
ANDROMAQUE, tragédie en 5 actes.
L'AVARE, comédie en 5 actes.
LE BARBIER DE SÉVILLE, comédie en 4 actes.
BRITANNICUS, tragédie en 5 actes.
CINNA, tragédie en 5 actes.
LE CID, tragédie en 5 actes.
LE DÉPIT AMOUREUX, comédie en 2 actes.
L'ÉCOLE DES FEMMES, comédie en 5 actes.
LES FOLIES AMOUREUSES, comédie en 3 actes.
HAMLET, tragédie en 5 actes.
LES HORACES, tragédie en 5 actes.
IPHIGÉNIE EN AULIDE, tragédie en 5 actes.

LE MARIAGE DE FIGARO, comédie en 5 actes.
MAHOMET, tragédie en 5 actes.
LA MORT DE CÉSAR, tragédie en 5 actes.
LE MISANTHROPE, comédie en 5 actes.
LA MÈRE COUPABLE, comédie en 3 actes.
MÉROPE, tragédie en 5 actes.
LA MÉTROMANIE, comédie en 5 actes.
LE MALADE IMAGINAIRE, comédie en 3 actes.
OTHELLO, tragédie en 5 actes.
PHÈDRE, tragédie en 5 actes.
POLYEUCTE, tragédie en 5 actes.
LE TARTUFE, comédie en 5 actes.
ZAIRE, tragédie en 5 actes.